라오어의 미국주식 밸류 리밸런싱

레버리지가 아니면 평범한 인생을 바꿀 수 없다

라오어 지음

라오어의 미국주식
밸류 리밸런싱

경제적 자유로 향하는 레버리지 장기투자 전략

VALUE REBALANCING

SIGONGSA

레버리지는 잘못이 없다

금융전문가가 아닌 평범한 사람으로서 첫 주식 책을 낸 지 약 1년이 지났다. 《라오어의 미국주식 무한매수법》을 출간한 이후 인생은 예상치 못한 방향으로 흘러갔다. 《라오어의 미국주식 무한매수법》은 한 온라인 서점에서 종합 4위, 경제경영 분야 2위까지 기록했다. 정말 분에 넘치는 사랑을 받았다.

평범한 사람이 신문사와 인터뷰를 하고, 평범한 사람이 유명 유튜브 채널에 출연하고, 평범한 사람이 대규모 북토크를 진행하고, 평범한 사람이 강연 요청을 받는다. 2021년 초여름 책을 막 출간했을 무렵, 운영하던 네이버 카페 '라오어의 미국주식 무한매수법&밸류리밸런싱' 회원 수는 8,000명 정도였으나, 현재는 어느덧 5만 명을 훌쩍 넘어섰다. 짧은 시간

만에 미국주식에 한해서는 대한민국에서 'No. 2' 규모의 카페가 되었다.

작년에 무한매수법에 대한 책을 낼 때만 해도, 이렇게까지 사랑받을 줄은 전혀 예상하지 못했다. 카페 회원 수도 이렇게까지 늘어날 줄 몰랐다. 병원을 운영하는 의료 자영업자로서, 개인적인 정보를 드러내는 것에 두려움이 있었다. 그래서 《라오어의 미국주식 무한매수법》에서는 단순히 '의료직'에 종사 중이라고 표현했었는데, 몇 매체에서 이 단어를 보고 오해해 필자를 '의사'라고 표현하는 일이 생기기도 했다. 이제는 워낙 다양한 일들이 일어나고 있어서 직업을 두루뭉술하게 기술할 수 없을 것 같다. 필자는 개원한 지 8년 차 정도 된 치과의사이자, 배우자와 두 딸이 있는 40대 가장이다.

대부분의 주식하는 사람들은 좋은 종목을 잘 발굴해 장기투자하는 것이 제대로 된 투자라고 생각한다. 하지만 장기투자는 말 그대로 보유한 주식을 장기간 끌고 가겠다고 스스로와 약속하고 지켜야 하는 일이기 때문에 좋은 회사를 잘 발굴하는 것이 최우선 과제인데, 보통은 여기서부터 난관에 부딪힌다. PER, PBR, ROE, EPS 등 낯설고 생소한 용어를 처음 마주하는 일이 계속되고, 이런 용어들을 이해했다 하더라도 좋은 회사를 선택하기 위해 수많은 공시자료를 조사해야 한다. 나아가 섹터의 주기적인 순환도 생각해야 하고, 같은 섹터 내에서도 경쟁회사마다 장단점을 비교해야 하며, 미래에 이 회사에 기대할 수 있는 잠재력까지 고려해야 한다. 심지어 CEO가 오랫동안 건강을 유지할 수 있는 상태인지, 어느 정도의 도덕성을 가지고 있는지도 파악해야 한다.

문제는 대부분의 개인 투자자들이 금융업이 아닌 업종에 종사한다는 것이다. 내가 펀드매니저나 금융전문가가 아닌 이상 이런 자료에 친숙해지기 어렵고, 일반인이 독학해서 이런 자료를 자유자재로 다룰 수 있는 수준이 되기까지에는 정말 많은 시간이 걸린다. '내가 이 정도로 고3 때 공부를 했으면 의대나 법대에 갔겠다'라는 생각이 자연스레 들 것이다. 문제는 또 있다. 일단 일반적인 직장인은 이 정도로 시간을 쏟기가 어렵기에, 주식을 왜 하는가에 대한 근본적인 의문이 생길 수밖에 없다.

우리는 왜 돈을 많이 벌고 싶을까? 먹고 싶은 것을 먹고, 가고 싶은 곳에 가고자 하는 욕구를 충족시키기 위함도 있지만, 무엇보다 돈이 '시간'을 벌어주기 때문이다. 돈이 있으면 내 노력과 시간을 돈으로 대체할 수 있다. 하지만 주식투자를 위해 너무 많은 시간을 들여야 한다면 주객이 전도된 느낌이 들 수밖에 없다.

그리고 그렇게 어렵게 종목을 선정하더라도, 실제 장투는 상상 이상으로 난도가 높다. 내가 이 회사를 좋게 평가하는 것과, 내가 매수한 주식의 주가가 오르락내리락하는 것은 별개의 상황일뿐더러, 주가는 횡보하는 시기가 주기적으로 온다. 나는 애플은 좋은 회사고, 애플을 장투하기로 마음먹은 것이 좋은 결정이라고 생각한다. 하지만 내가 애플을 들고 있는데, 어느 날 마이크로소프트가 날아다니기 시작하더니 시총 1위 자리를 빼앗아 간다. 테슬라 주가가 급등하면서 테슬라로 경제적 자유를 얻었다는 사람들이 생기기 시작한다. 엔비디아는 반도체 호황 사이클을 타고 주가가 순식간에 급등한다… 이런 상황에서는 누구나 조바심이 날 수밖에 없다.

필자가 개별 주식이 아닌 SPY나 QQQ 같은 지수추종 ETF를 기반으로 투자하기로 결심한 이유는 이 때문이다. 종목마다 주기적으로 오는 횡보장을 맞힐 수 없고, 그 시기에 다른 주식이 상승하는 것을 바라보고만 있기가 힘들기 때문에, 차라리 상위 구간에 포진하는 기업을 모두 모아놓은 ETF 투자를 선호하는 것이다. 애플이 잘나가도 좋고 마이크로소프트가 잘나가도 좋다. 다른 주식이 다 횡보해도 한두 종목만 날아가면 ETF는 상승한다. 소외감을 느끼지 않아도 되는 것만으로도 ETF 투자는 장점이 있다.

하지만 아쉽게도 SPY나 QQQ 투자만으로 경제적 자유를 누리기에는 한계가 있다. 인생은 유한하다. 30년 후에 10배가 된다 한들, 이미 70세가 넘은 나이에 내가 좋아하는 것들을 실컷 누릴 수 있을까? 필자는 어렸을 때부터 게임을 좋아해서 게임하다가 밤을 지새운 적이 정말 셀 수 없이 많다. 하지만 40대가 넘어가면서 아무리 내가 게임을 좋아한들 이제는 밤을 샐 수 없다는 것을 깨달았다. 내가 게임을 하면서 졸고 있다니! 그 좋아하는 것도 결국 체력이 뒷받침되지 않으면 밤새서 할 수 없는 것이다. 나이가 너무 많아지고 나서 경제적 자유를 얻는 것으론 부족하다. 조금 더 속도를 내야 한다. 사실상 레버리지가 아니고서는 불가능하다. 레버리지의 대상이 주식이든 부동산이든 또는 당신의 노력이든 말이다.

'레버리지가 아니면 평범한 인생을 바꿀 수 없다'는 모토는 누군가의 명언이 아니라, 가난으로 고생하던 어린 시절부터 필자의 머릿속을 내내

지배하던 말이었다. 독자가 책을 집어 들게 하기 위해서 갑자기 만든 말이 아니다. 인생에 한 번이라도 미친 듯이 살아본 적이 있는 사람이라면 이 말에 공감할 수밖에 없을 것이다. 그리고 이 생각은 이제는 가난에서 벗어나 40대에 겨우 1주택자가 된 지금도 변하지 않았다. 내 몸은 노쇠하고 있으며 지금 하고 있는 일을 영원히 할 수는 없다. 언젠가 노동에서 얻는 소득은 끊길 것이며, 부모님과 자식을 계속 부양해야 하며, 내가 더 늙기 전에 미리 파이프라인을 다양하게 구축해야 한다는 압박감을 느끼며 살고 있다. 처음부터 여유 있게 살아온 사람들은 절대로 느낄 수 없는 감정일 것이다. 그리고 이 압박감은 내가 치과의사가 된 이후로도 여러 가지 일을 벌이며 노력하고 사는 원천이기도 하다.

아무리 투자를 레버리지로 시도한다고 해도, 자금이 부족할 때는 위험도에 비해 얻는 수익이 너무 적다. 그래서 젊을 때는 자기계발에 대한 노력으로 자신을 레버리지해야 한다. 꼰대스럽게 들리겠지만 아직 초년생 라인에 속한다면 노력을 통해 자신이 종사하는 분야에서 인정받는 것이 가장 빨리 부를 축적하는 길이다. 젊음이 가장 큰 자산일 때는 내 몸을 레버리지 해야 하는 것이다. 하지만 나이가 들어서도 밤새서 노력하면 건강에 탈이 난다. 그때는 젊은 시절 노력해서 모은 자금으로 주식이나 부동산에서 레버리지 투자를 시도해야 한다. 부동산은 전세 갭을 끼고 매수하는 것을 나쁘게 보는 인식이 없는 데에 반해, 주식에서 레버리지 ETF 투자는 색안경을 끼고 보는 경우가 많다. 하지만 주식 또한 위험성을 컨트롤하면서 레버리지 투자를 할 수 있다.

필자는 레버리지 ETF, 특히 TQQQ라는 3배 레버리지 ETF를 단투와 장투 두 가지 방법으로 운용하고 있다. TQQQ의 정식 명칭은 Proshares UltraPro QQQ ETF로, 나스닥에서 거래량이 많고 시가총액이 큰 100대 기업들의 지수인 나스닥100지수를 3배 추종하는 ETF 상품이다. 두 방법 모두 필자가 독자적으로 개발한 투자법이며, 단투는 '무한매수법'을 의미하고 장투는 이 책에서 기술될 '밸류 리밸런싱VR, Value Rebalancing'이라는 방법이다. 장투와 단투를 동시에 하는 이유에 대해서는 PART6에서 기술하였다.

밸류 리밸런싱은 현재 필자가 운영 중인 유튜브 '라오어 무한매수법&밸류 리밸런싱' 채널에서 '월 50만 원 TQQQ로 10억 원 만들기'라는 프로젝트를 통해 이미 1년 넘게 진행 중이며 2주마다 매수지점과 매도지점을 소수점 이하 둘째 자리까지 안내하고 있다. 방법론을 완전히 이해하기 힘들어도 유튜브를 보고 따라가기만 해도 무방하다. 그리고 필자가 운영하는 네이버 카페에 무한매수법과 밸류 리밸런싱 자료가 모두 무료로 공개되어 있기 때문에 사실 굳이 책까지 구입할 필요는 없다. 다만 책은 밸류 리밸런싱을 접해보지 않은 분들에게 소개하는 의미도 있고, 여기저기 흩어져 있는 개념들을 집대성하는 의미로 보셔도 좋을 것 같다. 물론 그래도 책을 구매한 분들이 책값을 아까워하지 않을 만큼, 밸류 리밸런싱의 기본적인 의미와 여러 가지 응용법에 대해 더 상세히 다룰 것이다. 그리고 밸류 리밸런싱에 대한 이해도가 높을수록 하락장에서도 규칙을 지키는 힘이 강해질 것이다.

다만 오해하면 안 되는 것이, '서울대 가는 공부법'이 있다고 해서 그 공부법을 따라한 모두가 서울대를 가는 것은 아니다. 필자 또한 이 방법이 무조건 10억 원을 만들어준다고 생각하진 않는다. 시장은 늘 예측할 수 없는 변수들이 생기기 때문이다. 하지만 종목을 잘 발굴해서 10배 수익을 내고자 하는, 요즘 유행하는 '텐 배거(ten bagger, 10루타라는 뜻으로 실제 야구 경기에서 쓰는 용어는 아니고 10배 수익률을 가리키는 말)' 종목을 노리는 것보다 훨씬 현실성이 있다고 생각한다. 왜냐하면 밸류 리밸런싱은 미국이라는 시장 전체의 우상향을 전제로 미국주식에 투자하는 것이며, 현 시대에 미국이 무너지는 것은 지구 전체가 무너지는 것과 다를 바 없다고 생각하기 때문이다.

마지막으로 다시 설명드리면 이 책은 TQQQ라는 3배 레버리지 ETF를 이용한 장투법을 다룬다. 그리고 3배 레버리지 ETF를 이용한 단투법은 《라오어의 미국주식 무한매수법》에서 다루었다. 레버리지 ETF는 기본적으로 '변동성 끌림'이라는 현상 때문에, 횡보장에서 더 많이 하락하는 성향이 있는 고위험 상품이다. 상승장에서 3배씩 상승하는 만큼, 하락장에서도 3배씩 하락한다. 따라서 이런 변동성에 익숙하지 않은 분이라면 TQQQ를 다룬다는 것 자체만으로도 힘든 경험이 될 수 있다.

그런 이유로 대부분의 금융전문가들이 레버리지 ETF 투자 자체를 위험하다고 하며, 특히 레버리지 ETF를 '장투'한다는 것은 절대 해서는 안 되는 투자로 인식되어 있다. 하지만 필자는 레버리지 ETF도 잘 다루면 충분히 장투할 수 있다는 것을 수학적으로, 그리고 실전으로도 시도해보고 싶었다. 그 '실전'은 이미 1년 넘게 유튜브를 통해 진행과정을 자세히 공개하고 있다. 미국주식 역사에 회자될 정도의 하락장인 2022년 상반기에도 필자가 TQQQ 장기투자를 이어가고 있음을 누구나 보실 수 있다.

무한매수법을 다룬 책에 이어서 이 책 역시 레버리지 ETF에 대한 편견을 깨는 계기가 되었으면 좋겠다. 레버리지는 잘못이 없다. 레버리지 ETF를 '무리하게' 운용하는 것은 위험하다. 하지만 레버리지 ETF를 '계획적으로' 다루면 충분히 효과적인 투자를 이어갈 수 있다. 내가 살아온 삶의 흔적과 지금의 투자방식이, 과거의 나처럼 미래가 보이지 않는 누군가에게 희망이 되었으면 하는 바람이다.

2022년 8월
라오어

차례

PART1

내가 해오던 주식투자
VALUE REBALANCING

01 김철수 군은 친구가 주식으로 돈을 벌었다는 소식을 듣고 참을 수 없었다

　김철수 군은 주식을 한 번도 해본 적 없는 평범한 직장인이다. 주식에 관심은 많으나 주식은 부동산에 비해 위험하다는 이야기를 듣고, 선뜻 주식을 시작하지 못하고 있다. 그렇다고 부동산에 투자하려니 목돈이 있어야 할 것 같다는 생각에 부동산 공부도 하지 못하고 시간만 보내고 있었다.

　매년 물가가 오르고 화폐가치는 떨어진다고 한다. 김철수 군 또한 회사 근처에서 몇 년 동안 먹었던 순대국밥이 5,000원에서 6,000원으로, 또 최근에는 7,000원까지 오르는 것을 경험했다. 자영업자 입장에서도 인건비와 재료비가 오르고 있으니 어쩔 수 없는 선택이라고 생각하지만, 내 월급만 빼고 모든 게 오르는 것만 같아 불안했다. 이렇게 월급만 모아서는 도저히 내 집 마련을 할 수 없고, 갖고 싶은 외제차도 살 수 없고, 노후설계도 할 수 없다는 것을 누구보다 잘 알고 있다.

그때였다. 친구 박 군이 주식으로 돈을 많이 벌었다는 소문이 들리기 시작했다. 분명 내가 알던 박 군은 나보다 잘난 구석이 그다지 없는 사람이었다. 다른 똑똑한 친구도 아니고 그놈이 주식으로 돈을 벌다니! 김철수 군은 '혹시 주식투자는 내가 생각했던 것보다 쉬운 게 아닐까?' 하는 마음에 용기를 내게 됐다. 싸게 사서 비싸게 팔면 되는 것인데 왜 그렇게 겁을 먹었을까. 그동안 미뤄뒀던 증권사 애플리케이션 설치부터 시작해 회원가입까지 예상보다 훨씬 간단했다. 앱을 깔고 나니 자신도 박 군처럼 수익을 낼 수 있을 거란 상상에 기분이 좋아졌다.

이제 앱도 깔았으니 무엇을 살까? '그래 역시 주식은 삼성전자지!' 삼성전자에 대해 제대로 공부해본 적은 없지만 삼성전자가 세계적인 대기업이란 걸 모르는 사람은 없다. '듣기에 요즘 반도체 산업이 그렇게 잘나간다던데 삼성전자는 무조건 오를 거야. 이것이 말로만 듣던 우량주 투자구나'라고 생각하면서 김철수 군은 뿌듯해졌다. 이제 나도 여느 사람들처럼 삼성전자로 돈을 벌고 경제적 자유에 다가갈 수 있다고 생각했다.

하지만 이 생각은 오래가지 못했다. 매달 꼬박꼬박 적금을 붓듯이 삼성전자를 매수하면 될 일이라고 가볍게 생각했었지만, 어느 순간부터 김철수 군은 하루 종일 주식앱을 쳐다보게 되었다. 7만 1,000원, 7만 1,200원, 7만 700원… 주가에 따라 내 투자금이 시시각각 변하는 모습은 너무나 자극적이었다. 그런데 어느 날 갑자기 삼성전자가 큰 폭으로 하락해서

6만 원대가 되었다. 부랴부랴 찾아본 뉴스에선 한국은행에서 금리를 올리는 바람에 장기간 주식시장이 좋지 않을 것이라고 전망했다. '대체 한국은행은 금리를 왜 올리는 거야? 서민들은 생각하지도 않고!' 그 기사를 본 김철수 군은 삼성전자를 하락시킨 원인이 한국은행이라고 생각하게 되었고, 한국은행에 화풀이를 하였다.

미국 내 인플레이션이 심해서 금리인상이 예정되어 있었고, 한국에서는 환율방어를 위해서 금리를 따라서 올릴 수밖에 없는 상황이었지만, 김철수 군은 세계 정세까지 파악하지는 못하고 있었다. 심지어 삼성전자 매출이 역대 최고치라는데 주가는 계속 떨어지고 있다는 것을 도저히 이해할 수 없었다. 앞으로도 금리가 계속 올라가고 주가가 더 하락할 것이라는 유튜브를 보고 나서, 김철수 군은 주식투자를 시작한 지 두 달 만에 삼성전자를 전량 손절매하게 된다. 김철수군은 1,000만 원을 투자해서 100만 원의 손해를 확정 지었다.

주식을 시작하기 전에는 공부하는 셈 치고 100만 원 정도는 잃어도 된다고 생각했다. 하지만 막상 100만 원을 잃고 나니 근로의욕이 떨어지고 우울해졌다. 100만 원은 그냥 날리기엔 너무 큰돈이었다. 가족과 고급 레스토랑도 갈 수 있었고, 부모님께 효도할 수도 있었던 돈이었다. 무엇보다 이 돈은 한 달을 꼬박 절약해도 겨우 마련할 수 있는 금액이었다.

그런데 더 큰 문제는 삼성전자 주가였다. 분명 금리가 오르면 더 하락할 것이라고 누가 그랬는데, 삼성전자는 어느새 내가 팔았던 6만 원대 가격보다 오르고 있었다. 그냥 가만히만 있었어도 손해는커녕 수익을 얼을 수 있었다는 사실에 우울감은 더 커졌다. 김철수 군은 원금을 되찾고 싶어 매일매일 고민했으나, 내가 팔았던 가격보다 오른 삼성전자를 다시 매수할 수는 없었다.

결국 김철수 군은 주식으로 돈을 벌었다는 친구 박 군에게 술이나 한잔 마시자고 연락하게 되었다. 혹시 내가 모르는 특별한 매매기법이나 지식이 있는지 궁금했다. 하지만 김철수 군이 더 헤어 나올 수 없는 수렁으로 빠지게 된 것은 이때부터였다.

술잔을 기울이며 들은 박 군의 이야기는 전혀 상상도 못 했던 내용이었다. 박 군은 아는 지인으로부터 어느 작은 회사의 호재를 미리 알게 되었고, 그 회사의 주식을 1,000만 원어치를 사놓고 기다렸더니 3배로 뛰어 2,000만 원 넘게 벌었다는 것이었다. 100만 원이나 손해를 입은 김철수 군은 박 군이 너무 부러웠으나, 박 군 또한 1,000만 원보다 더 큰 금액을 투자하지 못했던 것을 아쉬워하고 있었다. 그래서 박 군은 다음에 이런 기회가 있으면 꼭 영혼까지 끌어 모아 대출을 받아서 풀 베팅을 할 것이라고 했다. 박 군은 겨우 2,000만 원 수익으로는 인생의 어느 부분도 달라지지 않았다고 아쉬워했다. 김철수 군은 '나를 앞에 두고 누구 놀리나' 하는 생각도 들었으나, 박 군의 얘기가 틀린 건 아니었다. 100만 원을 잃은 것은 너무 가슴 아팠지만, 2,000만 원을 따더라도 아쉬운 것은 마찬가지였을 것이다.

김철수 군은 박 군이 2,000만 원이나 따고도 술값을 낼 때 꾸물거리는 모습에 빈정이 상했지만, 혹시 또 정보를 알게 되면 꼭 연락해달라는 부탁을 하면서 자신이 술값을 냈다. 그리고 3주 후에 김철수 군은 박 군으로부터 연락을 받게 된다.

"철수야. 내가 또 어떤 회사의 내부정보를 지인으로부터 알게 됐는데, 너도 한번 투자해볼래?" 박 군의 이야기는 이러했다. 어느 바이오회사가 신약개발을 완성하기 직전의 상태이며, 해외 유수의 기관들로부터 긍정적인 평가를 받았다는 것이었다. 해외기관으로부터 정식으로 인정받으면 최소 5배에서 10배는 뛸 것이라는 이야기였다.

김철수 군은 이 기회가 아니면 운도 없는 내 인생을 바꿀 기회가 없다고 생각했고 배우자와 진지하게 상의하게 된다. "당신 얼마 전에 내가 얘기했던 박 군 알지? 응…. 그 2,000만 원 벌었던 친구 맞아. 그 친구가 이번에 어떤 바이오회사가 신약개발을 앞두고 있다는 내용을 알려줬어. 최소 5배에서 10배 이상 뛸 거래. 우리 전세담보대출이라도 받아보자. 진짜 이 정보는 확실해."

김철수 군의 배우자도 주식투자를 해본 적이 없어서, 큰돈을 한꺼번에 투자하는 것이 너무 두려웠다. 그러나 김철수 군이 박 군을 부러워하며 한숨짓던 모습이 떠올랐고, 자신 또한 아무리 부부가 맞벌이를 한들항상 쪼들린 채로 생활해야 한다는 것에 지쳐 있었다. 10배까지도 주가가 뛸 수 있다는 이야기에 결국 부부는 전세담보대출을 받기로 결심한다. 3년째 들고 있었던 적금도 깼다. 그렇게 김철수 군은 여기저기 돈을 끌어와서 2억 원이라는 돈을 마련했다. 성공해서 20억 원이 된다면 그렇게 꿈에 그리던 내 집 마련을 하고도 남을 넉넉한 금액이었다.

아직 호재가 발표되기 전이라 그런지 바이오회사의 주가는 여전히 횡보하는 중이었다. 김철수 군은 혹시 돈을 모으는 사이에 주가가 오를까 봐 노심초사했었다. 2억 원을 모으는 시간 동안 주가가 오르지 않아서 오히려 다행이라고 생각했다. 처음에는 2억 원을 쪼개 조금씩 분할매수를 하려고 했으나, 내가 매수하고 나서 주가가 오르는 것처럼 생각됐다. 그래서 더 오르기 전에 나머지 금액도 그날 하루에 모두 매수했다. 벌써부터 20억 원을 딴 것만 같아 기분이 좋았다.

그리고 정말로 박 군이 이야기한대로 주가가 오르기 시작했다! 투자한 지 일주일도 안 돼서 벌써 10%가 올랐다. 2억 원 대비 10% 상승이기 때문에 2,000만 원이라는 큰 수익이었다. 김철수 군은 그 전에 잃었던 100만 원이 하찮게 느껴졌다. 1년을 모아도 모으기 힘든 돈을 일주일 만에 주식으로 벌어들이자, 이번에는 희망에 부풀어서 근로의욕이 떨어지게 되었다. 어차피 20억 원이 되면 퇴사할 건데, 무엇하러 영어학원을 다니고 무엇하러 열심히 일하는지 다시 생각해보게 되었다. '그래도 무직으로 지내면 창피하니까 승진 욕심 내지 않고 적당히 다녀볼까?' 같은 생각으로 하루하루가 지나갔다.

그리고 또 2주가 지났다. 내가 2억 원을 투자한 바이오회사가 임상 3상에 실패했으며, 실험결과 예상치 못한 치명적인 부작용이 발견되었다는 뉴스가 떴다. 그리고 주가는 개장하자마자 하루에 하락할 수 있는 최대치인 -30%까지 하락해 있었다. 말로만 듣던 '점하(장 시작과 동시에 하한가를 달성하게 되는 경우를 뜻하며 쩜하라고도 부름)'현상이었다. 하한가에 매도하려는 매물이 너무 많아서, 내가 매도를 시도해봤자 매도가 되지 않는 분위기였다. 2억 원이 2억 2,000만 원 정도까지 올랐다가 하루아침에 1억 6,000만 원이 되었다.

김철수 군은 결국 매도를 하지 못했고, 그날 밤에 한숨도 못 잤다. 이미 원금 대비 4,000만 원 넘게 손실이 난 상태였다. 거실 소파에 혼자 앉아서 멍하게 허공을 바라보았다. '내일도 점하일까…' 빨리 아침 9시가 오길 기다렸지만, 남아 있는 시간이 너무 길게 느껴졌다. 그리고 아침 9시가 되었다.

바이오회사는 순식간에 두 번째 점하 상태가 되었다. 분명 김철수 군도 개장시간인 9시 00분 00초가 되자마자 매도를 걸었음에도, 순위가 한참 뒤로 밀려 있었다. 이미 손실은 거의 1억 원에 다다랐다. 반 토막이다. 김철수 군은 박 군에게 전화를 걸었다. 하지만 박 군은 전화를 받지 않았다. 김철수 군은 박 군에게 메시지를 보냈다 "박 군아…. 너를 원망하려는 게 아니야. 그냥 이 회사가 어떤 상태인지 너는 들은 게 있을 거잖아. 뭐라도 얘기 좀 해줘." 박 군에게서 답장이 왔다 "미안해…. 나도 손해가 크다. 나도 그 정보를 준 지인에게 전화를 해봤는데 연락을 안 받아…."

김철수 군은 메시지를 보고 다리 힘이 풀려버렸다. 회사 일은 손에 잡히지 않았다. 점하에 매도를 걸어놓고 계속 주식 창을 쳐다보았다. 그러더니 오전 11시쯤에 점하가 풀리면서 김철수 군의 매도가 실행되었다. 김철수 군은 두 번 연속 -30%를 맞고 마이너스 1억 원을 확정 지었다. 1억 원을 잃은 것에 대한 속쓰림 반, 1억 원이라도 건져서 다행이라는 마음 반이었다. 하지만 전세담보대출 1억 원에 신용대출까지 5,000만 원을 받은 상태였기 때문에, 대출을 다 갚기에 모자란 금액이었다.

그런데 그날 오후 새로운 뉴스가 떠돌았다. 어제 발표되었던 치명적인 부작용은 오보라는 뉴스였다. 그리고 회사 대표가 기자회견에서 3상에 실패한 것은 맞지만 부작용은 심하지 않으며, 다시 준비해서 다음에 3상을 반드시 통과하겠다고 인터뷰를 했다.

그 바이오회사는 -30% 하한가가 풀리며 다시 올라갔고, 0% 보합권 근처에서 왔다갔다 횡보하게 되었다. 하지만 김철수 군의 주식은 이미 마이너스 1억 원을 확정 짓고 전부 매도가 되어버린 상태였다. 이미 매도되었던 금액에서 50%나 다시 올라버렸기 때문에, 다시 높아진 금액으로 매수할 수는 없었다(-30%에서 0% 근처로 오르면, 저점 대비 거의 50%가 오른 것과 같다).

김철수 군은 무거운 발걸음으로 집에 돌아갔다. 배우자가 "오늘 그래도 주가가 조금 회복돼서 다행이야 그치?"라고 한다. 김철수 군은 참았던 울음이 폭발했다. "미안해, 미안해…" 그 이후로 김철수 군은 다시는 주식을 하지 않겠다고 배우자와 약속했다. 삼성전자 같은 우량주 투자도 해보고 내부정보를 통한 투자도 해보았지만 두 방식 모두 실패라는 쓰라린 기억만 남겼다. 김철수 군은 주식으로 돈을 벌 자신이 없었다. 결과적으로 1억 5,000만 원을 빚을 내서 투자해 손절 후 1억 원이 남았다. 김철수 군에게 남은 건 열심히 일해서 갚아야 할 빚 5,000만 원이었다.

02 이영희 양은 주식은 전문가의 영역이라고 생각했다

이영희 양은 크게 사치를 부리며 생활하지 않았음에도 늘 돈이 부족하다고 느꼈다. 인스타그램에서 많은 친구들이 해외여행을 가거나 명품백을 샀다는 사진을 올리곤 했다. 이영희 양은 그런 사진을 볼 때마다 상대적으로 뒤처진다는 느낌을 받았다. 이영희 양도 해외여행도 가고 싶고 명품백도 가지고 싶었지만, 검색할 때마다 샤넬의 가격은 계속 오르고 있었다. 분명 예전에 내가 갖고 싶었던 샤넬백의 가격은 700만 원대였는데, 어느새 900만 원대로 올라 있었다. 이렇게 값이 크게 오르는 데에도 불구하고 구하지 못해서 대기를 걸어야 하는 현상을 이해할 수 없었다.

도저히 월급만 받아선 미래가 보이지 않는다는 생각은 항상 하고 있었다. 하지만 부동산은 너무 많은 돈이 필요하고, 코인은 도박처럼 느껴졌다. 상대적으로 주식이 제일 할 만하지 않을까, 라고 생각했다. 유튜브에서 '주식 잘하는 방법'을 검색해보니, 난생처음 보는 용어들이 우르르 쏟아졌다. PER이 어쩌고, ROE가 어쩌고, 이평선이 어쩌고, RSI가 어쩌고…. 도저히 이해할 수 없는 수준이었다.

그래도 몇몇 유튜브에서는 초보자를 위해서 ROE가 무엇인지 RSI가 무엇인지 친절하게 알려주는 경우도 있었지만, 영상을 보고 나서도 머릿속에 남는 것은 별로 없었다. '그래서 뭘 사라는 거야? 언제 사라는 거야?' 딱 집어서 알려주는 사람은 없었다. 오를 수도 있고, 내릴 수도 있다는 애매모호한 결론들뿐이었다. 주말에 서점에 가서 재테크 코너에 있는 주식 관련 서적들을 읽어보았지만 어려운 것은 마찬가지였다. 도대체 무엇을 언제 사서 언제 팔라는 것인지 알 수 없는 내용들뿐이었다. 그렇게 주식을 시작하지 못하고 몇 달의 시간이 흘렀다.

연말이 되었다. 이영희 양은 우연히 어떤 유튜브를 통해서 갑증권사의 1년 펀드수익률 순위를 보게 되었다. 1위는 A펀드, 2위는 B펀드, 3위는 C펀드 등 수익률 순서로 나열되어 있었는데 그중 1위인 A펀드의 수익률이 굉장했다. 1년 수익률이 무려 42%라니! 이영희 양은 스스로 공부하는 것보다 역시 전문가에게 맡기는 것이 현명한 선택이라고 생각했다. 새해가 되고 일기에 새해 다짐을 적었다. '올해는 꼭, 꼭 펀드투자를 시작하자.' 그리고 월요일이 되자마자 갑증권사에 가입해서 A펀드 매수를 신청했다. 이영희 양은 내년이면 꽤 높은 수익률에 도달할 것이란 꿈에 부풀어 있었다.

그런데 이상한 일이었다. 1월에는 소폭 상승하는 것처럼 보였던 A펀드가 2월부터 곤두박질치기 시작하는 것이었다. 사실 이영희 양은 A펀드가 무슨 섹터로 구성되었는지 어떤 원리로 작동하는지 제대로 공부한 적이 없었다. 그냥 금융전문가가 만든 펀드니까 알아서 잘 만들었을 것이고, 게다가 수익률 1등이니 세상에서 가장 좋은 펀드일 것이라고 생각한 것이 전부였다. 크게 손해를 입고 나서야 이영희 양은 A펀드가 반도체 위주로 구성된 펀드라는 것을 알게 되었다. 삼성전자, SK하이닉스 등 반도체와 관련된 주식들이 모두 하락추세였다는 것을 주식차트를 찾아보고 나서 알 수 있었다. 이영희 양은 눈앞이 깜깜해졌다. 뒤늦게 공부하고 나서야 세상에는 셀 수 없을 만큼 많은 펀드가 있고, 어떤 펀드들은 꼭 수익률을 목표로 만들어진 것이 아니라는 것도 알게 되었다. 작년에 A펀드가 수익률 1위였던 이유는 A펀드가 훌륭해서가 아니라 작년이 반도체 대호황이었기 때문이었다.

이제 반도체 슈퍼 사이클은 지나갔으며 반도체 '겨울'이 오고 있다는 뉴스들이 여기저기 보이기 시작했다. 결국 이영희 양은 6개월 만에 펀드를 해지하게 되었다. 전문가들이 펀드를 잘 운용해줄 것이라고 단순하게 생각해서 3,000만 원이란 거금을 투자하였지만, 결국 500만 원을 잃었다. 주식은 전문가에게 맡기는 것이 낫다는 생각이 완전히 깨지게 됐다.

결국 이영희 양은 처음으로 되돌아왔다. 주식은 여전히 어려운 것이고, 나 혼자서 주식을 잘할 자신도 없고, 전문가에게도 맡겨봤지만 결과가 좋지 않았다. 그리고 이 일이 있고 얼마 지나지 않아 이영희 양은 오랜

만에 대학동창 최 양을 만나게 된다. 오랜만에 만난 친구와 이런저런 대화를 하던 중 재테크가 주제로 올랐다. 이영희 양은 주식이 너무 어려워서 시작도 못 했다가 펀드 투자를 시도했었고, 최근에 큰 손실을 보고 그만두었다고 했다.

그러자 최 양이 이야기해준 내용은 정말 뜻밖이었다. 최 양은 어떤 주식고수가 운영하는 클럽에 한 달 전부터 가입한 상태라고 했다. 최 양도 지인을 통해서 그 클럽을 알게 되었으며, 499만 원을 내야 입장할 수 있다고 했다. 주식을 공부하는 것도 어렵지만 주식을 사고파는 것은 더 어렵기 때문에, 주식고수인 클럽장이 하라는 대로만 한다고 했다. 클럽장이 어떤 종목을 매수하라고 하면 매수하고, 매도하라고 하면 매도하는 것뿐이라고 했다. 그런 방식으로 최 양은 한 달 동안 300만 원을 벌었다고 자랑했다. 아직 가입비만큼 수익을 내지는 못했지만, 정말 실력 좋은 사람이라고 했다. 그래서 499만 원의 가입비가 전혀 아깝지 않다고 했다. 주식은 공부를 많이 할수록 잘하는 것이기 때문에, 나 대신 공부를 많이 해주는 가격으로 생각하면 된다고 했다. 어차피 직장인은 따로 시간을 내서 주식을 공부하기가 어렵기 때문이다.

이영희 양도 주식용어가 너무 어려워서 유튜브를 보다가 포기했던 적이 있었기 때문에, 최 양이 편하게 돈을 벌고 있는 것이 너무 부러웠다. 그래서 이영희 양은 자신도 그 클럽에 가입할 수 있는지 최 양에게 물어보았다. 최 양은 클럽장에게 물어보고 대답해주겠다고 했다. 그런데 일주일이 지나도 최 양에게서 답장이 없었다. 최 양에게 다시 연락하니, 클럽에 자리가 없어서 빈자리가 생길 때 클럽장이 연락을 다시 준다고 했다. 이영희 양은 이대로 시간이 많이 흘러도 클럽에 가입하지 못할까 봐 불안해졌다. 2주가 더 지난 후에 드디어 최 양에게서 연락이 왔다. 겨우 한 자리가 생겨서 빨리 499만 원을 이체하지 않으면 다음 사람에게로 넘어간다고 한다. 오랫동안 기다려온 연락이었기 때문에 이영희 양은 고민하지 않고 바로 499만 원을 송금하였다. 그렇게 이영희 양은 주식클럽에 어렵게 가입하였다.

클럽장은 굉장히 불친절했다. 간단한 인사도 하지 않고 미리 작성한 것 같은 안내문구를 보내주었다. 자신이 무슨 종목을 사라는 신호를 하면 매수하고, 팔라고 신호하면 매도하라는 것이 다였다. 하지만 이영희 양은 그 불친절함이 오히려 더 믿음직스러웠다. 그리고 4일 후에 클럽장에게서 카톡이 왔다. AA라는 종목을 지금 당장 매수하라는 것이었다. 이영희 양은 AA종목이 뭔지도 모른 채 매수했다. 첫 매수라서 불안한 마음에 소액으로만 매수했다. 그리고 클럽장에게서 주가가 3,140원이 되면 매도하라는 지시를 받았다. 그런데 오후가 되자 진짜 주가가 3,140원 근처가 되었다. 이영희 양은 불안한 마음에 3,130원에 매도하였다. 그 종목은 실제로 3,200원 이상까지 올라서 아쉽기는 했지만 이영희 양은 처음 했던 주식에서 수익을 얻었다. 너무 신기했다. 하지만 처음이라 조심스러운 마음에 100만 원밖에 매수하지 않은 것이 너무 후회되었다. 이 일이 있고 나서 이영희 양은 각종 은행 앱에서 신용대출을 끌어 모으기 시작했다. 영혼까지 끌어 모은 돈은 총 5,000만 원이었다. 아직 회사생활을 한 지 오래되지 않아서 더 이상의 대출은 어려웠다.

이영희 양은 다음 기회가 온다면 클럽장이 말하는 종목에 5,000만원을 모두 투자하려고 마음먹었다. 그리고 3일 뒤에 클럽장에게서 또 연락을 받았다. 지금 당장 BB라는 주식을 매수하라는 지시였다. 이영희 양은 재빨리 5,000만 원 전부를 써서 BB주식을 시장가로 매수했다. BB주식이 매매량이 많지 않아서인지, 한 가격대에서 5,000만 원을 매수하지 못했고, 여러 가격대까지 올려가며 매수했다. 그런데 자신 말고도 많은 사람이 매수를 동시에 하는 느낌이 들었다. 결국 내가 매수를 시작했던 가격에서 훨씬 높은 가격까지 매수가 진행되어버렸다.

그런데 갑자기 이상한 현상이 벌어졌다. 내가 매수를 완료하고 나서 이전보다 높은 가격에 있었던 BB주식이 5분 뒤부터 갑자기 급락하기 시작하는 것이었다. 순식간에 내가 매수했던 가격보다 한참 아래로 떨어졌고, 하락세는 계속 이어졌다. 불안해서 클럽장에게 연락했지만 연락이 되지 않았다. 그리고 10분 뒤에 문자를 받았다. '모두들 적절하게 수익 보고 빠져나와서 축하한다'는 내용이었다. 이영희 양은 혼란스러웠다. 매도하라는 연락을 받은 적이 없었고, 지금은 주가도 자신이 매수했던 가격보다 한참 내려가 있기 때문이었다. 클럽장에게 '나는 매도하라는 신호를 받은 적이 없다'고 문자를 보내자, 클럽장에게서 '매도하라고 연락했었다'고 답장이 왔다. 하지만 이미 다 의미 없는 상황이었다. 이영희 양은 5,000만 원을 투자해서 하루 만에 400만 원을 잃었다. 가입비를 499만 원씩이나 냈음에도 제대로 연락을 받지 못했다는 것에 화가 났다. 하지만 클럽장은 연락했었다는 기계 같은 답장만 반복할 뿐이었다.

　이영희 양은 불안한 마음에 밤새도록 인터넷에 리딩방을 검색해봤다. 결국 이영희 양이 알게 된 것은 다음과 같았다. 리딩방의 리더가 미리 어떤 주식을 매수해놓고, 회원들에게 주식을 매수하라고 신호를 주는 수법이 있다는 것이었다. 그래서 회원들의 매수로 주식이 급등하게 되면, 리더는 그때 매도를 하고 수익을 챙긴다는 것이었다. 이영희 양은 이 클럽에 몇 명의 회원들이 가입되어 있는지 알 수 없었다. 모든 연락은 개별적으로 이뤄졌기 때문이다. 최 양에게 전화해봤지만, 최 양도 자세한 가입자 수는 모른다고 했다. 그리고 최 양도 이번 매매로 손해를 입었다고 했다. 문제는 클럽장에 대해선 이름도 나이도 연락처도 제대로 검증된 것이 없다는 것이었다. 최 양은 미국의 명문대를 나온 금융전문가라고만 이야기를 들었다고 했다. 고민 끝에 이영희 양은 클럽장에게 환불을 요청하였다. 하지만 돌아온 것은 환불을 해줄 수 없다는 답변이었다. 결국 이영희 양은 상처만 입은 채로 제자리로 돌아왔다. 어떻게 주식을 해야 하는 것인지 더욱 혼란스러워졌을 뿐이었다.

03 라오어는 하루에 모든 주식을 포기했다

앞서 적었던 얘기들은 우리 주변에서 종종 들을 수 있는 주식과 관련한 경험담의 예시들이다. 그리고 이번에는 필자가 '직접' 겪었던 주식투자에 대해 적어보고자 한다.

필자는 2007년 여름에 처음 주식투자를 시작하였다. 코스피지수가 사상 처음으로 2,000을 넘으면서, 방송이며 인터넷이며 온갖 곳에서 주식을 하지 않으면 바보라는 분위기가 팽배한 시절이었다. 필자는 당시 경제적으로 굉장히 어려운 상황이었으나, 늦깎이로 대학교를 다니면서 등록금으로 쓰기 위해 힘들게 모은 돈으로 주식투자를 시작하게 된다.

처음으로 매수했던 주식은 현대차였다. 당시 현대차가 고점에서 조금 내려온 상태였다는 것이 내가 현대차를 매수했던 단순한 이유였다.

현대차는 우리나라의 대표적인 자동차 회사니까 곧 전고점을 돌파할 것이라고 생각했다. 그리고 실제 전고점을 돌파하면서 수익을 내는 데에 성공했다. 주식이 이렇게 쉬운 거였다니!

그리고 이 경험 이후로 투자금을 확 늘리게 된다. 이번에는 SK텔레콤, 현대중공업, 삼성전자, 미래에셋증권, 국민은행, 메가스터디 등 나름 섹터를 분산해서 각 섹터별 1등주 투자를 이어나가게 된다. 당시 유명했던 테마주는 '이화공영'이었다. 당시 당선이 거의 확실한 분위기였던 한 대통령 후보의 관련주로, 너도나도 이화공영에 뛰어들던 시기였다. 하지만 필자는 그때 이화공영을 매매하지 않았다. 20대 후반에 첫 주식투자를 하면서 테마주를 건드리지 않고 우량주 위주로 투자하는 내 모습이, 스스로 굉장히 뿌듯했다.

그 후로 약간의 상승세를 더 타면서 '주식이 이렇게 쉬운 것이었나?'라고 거듭 생각했다. 대학생이라서 더 큰돈을 모으지도 빌리지도 못하는 상황이 너무 아쉬웠다. 등록금을 내기 위해 모았던 돈은 전부 주식투자로 들어가 있었고, 결국 보유한 주식을 팔지 못하고 학자금 대출을 받아서 등록금을 냈다. 어느새 주식투자금은 내가 감당할 수 있는 수준을 조금씩 넘어서고 있었다.

그런데 어느 날부터 '서브프라임 모기지론'이라는 단어가 들리기 시작했다. 인터넷에 검색해보니 미국에서 신용이 낮은 사람들에게 부동산 대출을 무리하게 해주었다는 내용이었다. 인터넷의 어느 누리꾼은, 미국이 강아지에게도 부동산 대출을 해주었다는 '말도 안 되는 내용'을 적기도 했다. 하지만 당시 필자는 미국이라는 탄탄한 나라가 그럴 리가 없다고 생각했다. '설령 미국의 부동산 대출에 조금의 문제가 있다고 하더라도 그게 내가 매수한 삼성전자와 무슨 상관이란 말인가?' 부동산과 전자 산업은 아무리 생각해도 겹치는 부분이 없었다.

그런데 어느 순간부터 주가는 조금씩 하락하기 시작했다.

당시에 필자는 늦은 나이에 수능을 다시 치르고 입학한 치과대학을 다니고 있었고, 생활비와 등록금을 벌기 위해서 저녁부터 새벽까지 수학학원에서 강사로 일하고 있었다. 대학생치고는 적지 않은 월급을 받고 있었음에도 당시에는 700원짜리 삼각김밥을 사 먹는 돈도 아깝다고 느

2008년 필자가 처음 힘들다고 느꼈던 시기의 코스피지수(출처: 네이버금융)

낄 정도로 주식에 모든 돈을 쏟아붓고 있었다. 코스피가 2,000을 넘다가 1,600대가 깨지면서 1,500대까지 갔지만, 이렇게 떨어질 때 분할매수를 하면 분명히 나중에 큰 수익으로 되돌아올 것이라고 생각하고 버텼다. 그럼에도 하락장이 7개월 이상 길어지면서 점차 지쳐가는 와중에, 추가 매수로 주식보유량은 계속 늘어나고 있는 상태에서 리먼 브라더스의 파산을 실시간으로 목격하게 된다.

그래프를 보면 2008년 9월 리먼 브라더스가 파산하기 전에도 주가는 하락추세였지만, 이 시점 이후로 더욱 급격히 하락함을 확인할 수 있다. 당시 내 지식으로는 이해할 수 없는 어떤 파생상품들이 금융가에서

2008년 리먼 브라더스 파산 시기(출처: 네이버금융)

난무했었는데, 그 파생상품이 걷잡을 수 없이 무너지기 시작하면서, 리먼 브라더스라는 당시 업계 3위 정도에 해당하는 회사가 파산해서 없어진다는 소식이었다. 참고로 리먼 브라더스의 파산 규모는 약 700조 원으로, 2022년인 지금까지도 역대 기네스 기록 1위이다. 파산 규모로만 비교하면 2022년 6월 기준 미국 시총 6~7위권인 테슬라나 버크셔해서웨이의 시총과 비슷하다. 무려 14년 전 리먼 브라더스의 파산 규모가 이 정도였던 것이다.

결국 미국은 강아지에게 부동산 담보대출을 해준 것도 모자라서, 그 담보대출을 가지고 파생상품을 만들어 돌려막기를 하고 있던 것이었다. 그 거품이 터지면서 수많은 금융회사가 파산하게 되었고, 파산하지 않은 회사들도 거의 파산에 준하는 타격을 받았다. 그리고 그 파장은 미국뿐 아니라 금융이 얽혀 있는 전 세계로 번졌다. 당시에는 무슨 일이 벌어지고 있는 것인지 제대로 알지 못했고, 한참이 지나서 리먼 브라더스 사태를 공부하게 되면서 이 사건이 얼마나 큰 모럴해저드Moral hazard(도덕적 해이)가 여러 번 겹쳐서 벌어진 일이었는지 알게 되었다.

얼이 빠졌다는 것은 아마 이럴 때를 의미하는 것 같다. 필자는 등교에 조금 더 시간이 걸리더라도 돈을 아끼기 위해, 일반적인 대학생이라면 살지 않을 저렴한 방을 구해서 살고 있었다. 이웃은 대부분 공사현장에서 일하느라 임시로 거주하시는 분들뿐이었다. 벽지는 몇십 년 전부터 생겼는지도 모를 곰팡이들이 가득했고, 코너에는 거미줄도 있었다. 에어컨도 냉장고도 세탁기도 선풍기도 없었으며, 보일러는 내가 직접 등유를 사서 넣어야 가동할 수 있었는데, 등유비가 아까워서 겨울에도 찬물로 샤워를 하곤 했었다. 빨래는 손으로 직접 했다.

그 방에서 무려 치과대학을 다니는 6년이란 시간을 살았다. 당시 동기들이 자취한다고 40~50만 원을 월세로 내던 시기였는데, 필자가 사는 방의 월세는 16만 원 정도였다. 그런데 그렇게 힘들게 아끼며 투자한 돈이 리먼 브라더스 파산과 함께 한순간에 사라지는 것을, 그저 넋 놓고 바라볼 수밖에 없었다. 여담이지만 당시 집주인 분께서 내가 너무 안쓰러워 보여서 월세를 중간에 올리지 않았다는 것을, 졸업을 앞두고 인사드릴 때 알게 되었다.

그렇게 2008년의 겨울이 왔다. 당시만 해도 우울증이라는 단어가 대중적으로 자주 회자되지 않았던지라 잘 몰랐지만, 아마도 필자는 우울증 증세를 겪었던 것 같다. 1년 이상 주식으로 고통을 겪으면서 잠도 제대로 자지 못했다. 낮에 공부하고 밤에 일하고 당시 돈도 시간도 없어 연애도 못 했던 29세의 내 청춘이 너무 우울하게 느껴졌다. 결국 필자는 2008년 주식개장 마지막 날인 12월 30일에, 보유하고 있던 모든 주식을 단 한순간에 던졌다. 각 종목별 손실률이 어땠는지 보지도 않았다. 그리고 남은 것은 연 7%대의 학자금 대출이었다.

필자가 겪은 서브프라임 모기지론 사태와 리먼 브라더스 파산 사태의 시간은, 잠깐의 고통이 아니었다. 2007년 말부터 1년을 넘게 끌어온 끝이 보이지 않는 사투였다. 치대에서 공부해야 할 것들이 점점 더 늘어나면서 지금처럼 수학강사 일을 많이 하기 힘들다는 것을 알고 있었기 때문에, 어떻게든 예과생 때 돈을 모았어야 했다. 하지만 주식실패로 학자금 대출만 더 늘었다. 본과로 들어서면서 졸업까지 4년이나 남았기 때문에, 추가로 여덟 번의 등록금과 4년의 생활비와 월세가 지속적으로 필요했다. 그런데 빚의 원금을 줄이기는커녕 이자가 더 커지면서 빚이 복리로 더 커지는 상황이었다. 이 빚에서 영원히 벗어나지 못할 수 있다는 생각도 들었다. 당시 필자는 주식실패 때문에 치대를 자퇴하고, 완전히 학원강사로 전향해야 할지 심각하게 고민했을 정도였고, 실제로 학원강사 선배님과 자퇴에 대해 상담을 하기도 했었다. 그 당시 어머니는 자영업실패로 신용불량 상태였기 때문에 필자를 도와줄 수 있는 상황이 전혀 아니었고, 아버지는 어머니와 이혼 후 연락을 끊은 지 이미 7년도 넘은 상황이었다.

그렇게 주식을 그만두고도, 큰돈을 잃었다는 자괴감과 우울감으로 꽤 긴 세월 잠을 설쳤다. 당시 주식이 내 인생의 전부인 것처럼 몰입해 있었기 때문에, 그 몰입감에서 벗어나기까지 많은 시간이 필요했다. 주식을 하는 동안 그렇게 좋아했던 게임도 농구에도 흥미를 잃었었고, 연애할 시간과 돈이 아까워 연애도 하지 않았다.

그런데 심적으로 더 힘들었던 이유는 그다음에 일어난 일 때문이었다. 미국에서 양적완화가 시작되면서, 내가 주식을 그만둔 지 6개월도 되지 않아 대부분의 주식들이 내가 팔았던 가격보다 훨씬 상승해버린 것이다. 그리고 겨우 2년이 지난 2010년 말 코스피가 다시 2,000을 돌파하는 것을 목격하게 된다. 내가 고통에 고통을 견디다가 주식을 포기했던 지점은 지나고 보니 최저점이었고, 그냥 아무것도 안 하고 있었어도 원금 이상을 회복할 수 있었다는 것을 알게 되고 더 큰 상처를 받았다. 차라리 주가가 계속 바닥을 쳤다면 그렇게까지 우울하지 않았을 텐데, 코스피가 다시 2,000을 넘어서면서 잠시 잊고 있었던 악몽의 시간들이 다시 떠올랐다. 하지만 다시 주식을 할 멘털도 자금도 남아 있지 않았고 2010년에도 나는 늘어난 빚의 이자를 내기에도 급급한 상황이었다. 등록금과 생활비, 월세, 이자까지 합쳐 1년에 최소 2,000만 원이 필요했고, 본과생이 되고 나서는 과외를 아무리 해도 2,000만 원을 감당할 수 없었기 때문에 빚은 계속 늘어만 갔다.

그렇게 열심히 살아왔음에도, 졸업하고 보니 필자는 빚을 5,000만 원이나 가진 나이 많은 신입 치과의사에 불과했다. 그리고 페이닥터로 일하면서도 이 5,000만 원을 갚는 데에는 상당히 오랜 세월이 걸렸다.

04 라오어는 무주택의 공포심으로 코인투자를 시작했다

지금부터 소개하는 내용 또한 필자가 직접 겪었던 코인 투자기이다. 이런저런 종류의 투자를 소규모로 지속해오던 필자는 2017년 중순에 본격적으로 비트코인 투자를 시작했다. 블록체인을 기반으로 한 비트코인은 탈중앙화된 시스템으로 미래에 화폐를 대체할 것이라는 글들이 여기저기 보이기 시작했다. 무엇보다 무지막지한 변동성과 24시간 돌아가는 매매시장이 나의 눈길을 끌었다. 2017년 당시 필자는 치과를 개원하고 어느 정도 경제적으로 안정된 상황이었기 때문에, 과거 학생 때처럼 먹고 사는 데에 큰 문제가 있는 것은 아니었다. 개원대출이 몇 억 있었지만, 그 빚을 조금씩이나마 갚아가고 있었다.

하지만 팔자 좋게 있을 수 없었던 이유는, 무주택자였기 때문이었다.

2017년 당시 30대 후반이었고, 결혼도 했고, 아이가 있음에도 불구하고 심지어 전세금조차 구하지 못해서 월세를 살고 있었다. 지나고 보니 그때 빚을 더 무리하게 져서라도 집을 샀어야 했지만, 개원대출이 있는 상태에서 주택담보대출을 추가로 받기가 부담스러웠다.

집을 갖고 싶은 마음에 무리하게 일을 하다가, 2017년 초에 허리디스크 파열이 왔다. 다리가 저려 걷지 못할 정도로 심각한 허리디스크 통증이 있었지만 자영업자로서 빨리 업무에 복귀해야 했기 때문에, 전신마취를 하고 허리디스크 수술을 받게 되었다. 나는 로봇이 아니며 50대, 60대에도 지금처럼 일을 지속할 수 없다는 사실을 허리디스크 통증을 겪으면서 깨달았다. 2017년에 시작한 비트코인 투자는 어쩌면 어쩔 수 없는 선택이었을 것이다.

그러다가 예상치 못하게 2017년 말 코인열풍이 불면서 수익이 꽤 크게 나기 시작했다. 과거 2008년에 리먼 사태를 경험했었지만, 대학생이었던 2008년과 치과의사로 돈을 벌고 있던 2017년은 자금력에서 비교할 수 없을 만큼 큰 차이가 있었다. 결국 2008년에 잃었던 돈의 수십 배를 넘어서는 '미실현 수익'을 경험하게 된다. 이 수익으로 잃었던 자신감을 되찾은 것은 덤이었다. 하지만 2018년 초 코인 거래소를 폐쇄한다는 말이 나오는 등의 대외적인 사건들이 터지면서 미실현 수익은 급격히 줄어들어, 결국 2018년 중반부터는 손해로 넘어가게 되었다. 미실현 수익이 얼마나 의미 없는 것이었는지 다시 경험하게 되었고, 이 경험들을 단초로 반드시 '중간 실현'을 한다는 것을 목표로 삼는 무한매수법을 만들게 되었다.

2018년 중반부터는 코스트 에버리징Cost Averaging을 공부하면서 코인을 통해 여러 방식으로 투자법을 연습하게 되었고, 2019년에 미국주식에 3배 레버리지 ETF가 있다는 것을 알게 되어, 미국주식 투자를 코인과 조금씩 병행하게 된다. 그러다 2020년부터는 코인투자를 완전히 그만두고 본격적으로 미국주식에, 그것도 3배 레버리지 ETF에만 투자하게 되었다. 최종적으로 코인투자는 익절로 종료하며 기분 좋게 헤어졌다.

미국주식으로 본격적으로 넘어온 당시에 이미 코인을 투자한 지가 3년이 넘었었고, 365일 24시간 극심한 변동성을 겪어왔기 때문에, 미국주식 3배 레버리지 ETF의 변동성은 그렇게까지 크게 느껴지지 않았다. 그리고 코인에 비해 상대적으로 가치를 평가하기가 쉬웠기 때문에, 코인투자보다 3배 레버리지 ETF 투자가 훨씬 마음이 편했다. 수학강사로 오래 일했었기 때문에, 레버리지 상품의 '변동성 잠식' 등 여러 현상의 원리도 잘 알고 있었다. 그래서 코스트 에버리징을 통해 그 변동성 잠식을 역이용하는 '무한매수법'을 개발하게 된다. 그리고 무한매수법으로 규칙적인 매매와 수익을 인증하면서 이름이 알려지게 되었다.

단투는 무한매수법으로 어느 정도 개념을 정립해나가고 있었지만 장투는 여전히 고민거리였다. 특히 전문가들은 TQQQ 장투는 절대 하지 말라는 수준의 경고를 표하곤 했지만, 필자는 TQQQ로 장투를 해보고 싶었다. 적립식 투자도 해보고, 채권을 섞은 리밸런싱도 해보고, 레이 달리오의 올 웨더 포트폴리오 방식(주식, 채권, 원자재, 금 등을 정해진 비율대로 투자하고 리밸런싱해나가는 방법. 서로 간의 상관관계가 낮아 장기적인 우상향을 기대할 수 있다. '모든 계절'을 이겨낼 수 있다는 의미에서 '올 웨더'라고 칭한다)을 응용해보기도 하고 여러 가지 시도를 해보았으나, 결국은 내가 원하는 스타일을 찾지 못한 채로 TQQQ 장투를 이어가고 있었다.

그렇게 장투법을 고민하던 와중에 2021년 초, 구글에서 '밸류 에버리징Value Averaging'이라는 개념을 접하게 된다. 심지어 밸류 에버리징이라는 단어를 알고 검색한 것도 아니었으며, 무한매수법 책 집필 중에 코스트 에버리징을 검색하려다 실수로 에버리징으로 검색하게 되어 발견한 단어였다. 밸류 에버리징은 마이클 에들슨Michael E. Edleson이라는 분이 1991년 미국에서 발간한 책의 제목이기도 하다. 당시 필자는 밸류 에버리징에 대한 개념을 1분 동안 읽은 것만으로도 뇌의 어딘가가 '번쩍' 하는 기분이 들었다. 직감적으로 내가 그렇게 원하던 장투 스타일이라고 느꼈다.

하지만 그 후로 밸류 에버리징을 더 연구해보고 나서 왜 밸류 에버리징이 현실적으로 적용될 수 없는 것인지를 깨닫게 되었다. 밸류 에버리징에 대한 기본 개념 및 비현실적인 부분은 PART4에서 다시 기술하겠다. 현재 필자는 밸류 에버리징을 기반으로 자체적으로 '밸류 리밸런싱'이라는 개념을 발전시켰고, 그토록 목말라하던 TQQQ 장투를 그 규칙을 따라 이어나가고 있는 중이다.

필자는 왜 위험하다는 TQQQ 장투를 하기로 결심한 걸까? 내부자 정보를 이용한 김철수 군의 투자법, 리딩방을 활용하는 이영희 양의 투자법, 우량주에 분산투자를 했지만 실패했던 과거 라오어의 투자법과 어떤 차이가 있는 걸까? TQQQ 장투는 미국이 패권국가의 지위를 유지할 것이라는 믿음이 바탕에 있어야 오래도록 유지할 수 있다. 따라서 TQQQ 장투법에 대해 본격적으로 소개하기 전에, 필자가 근본적으로 '미국주식'에 투자해야 한다고 생각하는 이유부터 설명하고자 한다.

나에게 맞는 투자 스타일 찾기

주식투자를 하는 대부분의 사람들에게서 나타나는 가장 흔한 문제점은 '규칙'이 없다는 것이다. 매수에 기준이 없다 보니 인터넷에서 누군가 어떤 종목이 좋다고 말한 정보를 보고, 또는 가까운 지인이 어디서 알게 됐다는 정보를 듣고 매수를 결심한다.

매수를 결심한 다음에도, 어떤 방식으로 매수할지에 대한 규칙이 없고, 늦게 매수하면 좋은 기회를 놓칠까 봐 제대로 된 연구 없이 급하게 매수한다. 이후에도 그 종목을 언제까지 또는 어느 수준의 목표에 도달할 때까지 보유할지에 대한 구체적인 계획이 없다.

또 매도결정을 하는 이유조차 그 회사의 미래성장성이 악화되거나 목표수익에 도달해서가 아니라, 단순히 주가가 하락해서 무섭기 때문에 매도한다. 주식의 변동성을 잘 몰랐거나, 알았더라도 막상 하락을 경험하게 되면 공포심에 이성적인 판단을 하지 못한다. 그래서 매도를 그때그때 기분에 따라 하게 되는데, 그때도 분할매도가 아닌 한 번에 보유한 주식 전부를 매도해버린다. 그리고 매도하고 나서도 어떻게 할 것인지 계획이 없다. 그러다 보니 매도하고 남은 돈을 그냥 두지 못하고, 또 쉽게 다른 주식을 매수해버린다.

분할매수를 하는 경우는 거의 없고, 분할매도는 더더욱 하지 않으며, 주식을 사지 않고 현금을 남겨놓으면 수익이 줄어든다고 생각하고,

어차피 내가 고른 주식은 미래에 상승할 것이기 때문에 남은 현금이 없어도 버티기만 하면 된다고 으레 생각한다. 그리고 장투를 하기로 다짐해놓고도 나도 모르게 더 저점을 잡고 싶은 욕심으로 사고팔기를 반복한다.

만약에 자제력을 발휘해 어느 정도 현금을 남겨놓고 매수했다고 할지라도, 규칙이 없다면 상승장에 추격매수를 하는 경우가 대부분이다. 매수하고 나서 곧바로 주가가 오르기 시작하면, 더 많이 매수하지 못했다는 후회가 들기 때문이다. 그래서 막상 더 큰 하락장이 왔을 때는 남은 자금이 거의 없는 상황이 되어버린다.

당신은 이런 식으로 주식투자를 하는 사람에게 내 돈을 맡길 수 있는가? 상황이 다르지 않다. 당신은 당신의 소중한 돈을 '당신'에게 맡겨서 이렇게 주식투자를 하고 있는 중이다. 위 예시들은 어디서 들었던 누군가의 경험만이 아니다. 멀리 갈 것도 없이 모두 필자의 과거 모습이다. 그렇다면 이런 패턴에서 벗어나려면 어떻게 해야 할까?

주식투자는 여러 스타일로 분류할 수 있다.

① 시황분석과 차트분석을 통해서 스윙투자를 하는 스타일이 있고, 백테스트를 기반으로 규칙을 미리 만들고 꾸준히 행하는 퀀트 스타일이 있다.

② 변동성이 낮고 안정적인 투자를 좋아하는 스타일이 있고, 변동성이 높더라도 고수익을 추구하는 스타일이 있다.

③ 주가가 상승하거나 하락하면 제자리로 회귀한다고 생각하는 사

람이 있고, 상승이나 하락에는 추세가 있어서 그 모습이 유지된다 생각하는 모멘텀 스타일이 있다

④ '가치주 vs 성장주'는 이전에도 또 앞으로도 영원히 해결되지 않을 논란거리이다.

주식투자에는 정답이 없다. 즉 독자분께서 위에 나열한 방식들 중 어떤 것을 선택해도 '틀린 투자'가 아니다. 그냥 서로 '다른 투자'일 뿐이다. 주식은 수익률이 전부가 아니기 때문이다. 그래서 주식에 큰돈을 투자하기 전에 반드시 깨달아야 하는 것은, '나는 주식투자로 무엇을 얻길 원하며, 나는 어떤 성향의 투자자인가'이다

나는 주식투자로 은퇴하길 원하는가? 아니면 생활의 활력소 정도만으로도 괜찮은가?

나는 하락률을, 하락금액을 어디까지 견딜수 있는가?

나는 하루 중 주식공부에 시간을 얼마나 배분할 수 있는가?

나는 지금 투자할 수 있는 자본금을 얼마나 갖고 있고, 앞으로도 얼마 정도씩 자금을 추가할 수 있는가?

나는 위에 열거된 주식투자 스타일 중에서 어떤 스타일을 선호하는가?

하나의 예시를 드리기 위해 위에 나열했던 4가지 분류법 중에서 필자가 선호하는 스타일을 설명드리겠다.

필자는 ①퀀트＋②변동성 높음＋③제자리 회귀＋④성장주를 선호

하는 스타일이다.

　나는 맵지 않은 오리지널 후라이드 치킨을 좋아하는데, 맛집으로 소문났다고 해서 불족발 맛집에 가봐야 만족하지 못할 게 뻔하다. 불족발에는 내가 좋아하는 바삭한 껍질도 없고 맵기만 할 뿐인데, 다른 사람들이 맛있다고 하는 것이 도저히 이해되지 않을 것이다. 내 취향이 아닌 음식점에 가서 맛이 없다고 하는 게 무슨 소용이랴. 사실 불족발은 죄가 없다.

　만약 어떤 분이 ①차트분석을 선호하고, ②안정적인 투자를 선호하며, ③추세를 따라가는 모멘텀 투자를 선호하고, ④가치주를 선호하는 사람이라면, 필자와 다른 스타일의 투자성향을 가진 것이다. 세상에는 수많은 스타일의 주식책이 있고, 주식전문가가 있고, 주식유튜버가 있다. 주식투자에는 정답이 없기 때문에 성향에 맞지 않는 방법을 억지로 할 필요는 없으며, 찾고자 노력한다면 반드시 본인의 성향과 비슷한 투자법이나 전문가를 찾게 될 것이다.

VALUE REBALANCING

PART 2

미국주식에 진심을 다해
투자하기로 한 이유

VALUE REBALANCING

01

미국기업의
영향력은
대체할 수 없다

어렸을 적 나에게 가장 큰 영향을 미친 국가는 홍콩과 일본이었다. 필자는 학창 시절 바다가 있는 부산에 살았기 때문에, 지리적으로 홍콩과 일본 문물을 조금 더 쉽게 접할 수 있는 환경에 있었다. 남포동에 가면 홍콩 영화 포스터나 일본 만화책이 즐비했는데, 지금 돌이켜보면 그 물건들은 대부분 정식 계약을 맺지 않고 원작자의 동의 없이 만든 불법 복제품, 즉 해적판이었다.

매주 《드래곤볼》 해적판이 나오기를 기다렸다. 특히 크리링이 후리자(정식 수입본에선 등장인물명이 프리더이지만 당시 해적판에선 후리자라고 표기했다)에 의해 죽고 손오공이 초사이어인이 되던 그 주에는 일주일 동안 잠도 제대로 못 자고 기다렸던 기억이 있다. 500원짜리 해적판에 수록된 《드래곤볼》은 겨우 열 몇 페이지에 불과했고, 책의 나머지 분량은 당시에는 쓸데없다고 생각했던 연애 스토리를 다룬 만화가 실려 있었다. 나중에 이성에 눈을 뜨고 나서야, 연애 스토리를 다룬 그 만화도 굉장히 재미있는 만화였다는 것을 알게 되었다. 슬램덩크는 정식 계약을 맺고 출간이 되었기 때문에, 해적판에 비해 실시간으로 빠르게 접하지 못해 답답했던 기억이 난다.

〈첩혈쌍웅〉을 보고는 마치 주윤발이 된 것처럼 친구들과 BB탄 총으로 권총 놀이를 했었다. 강시 영화를 보고 잠을 자다가 꿈에 강시가 나와서, 부모님이 있는 안방으로 울면서 뛰어간 적도 있었다. 어렸을 때 나에게 가장 무서운 존재는 '홍콩 할매귀신'이었다. 조금 더 커서는 패미콤, 슈퍼패미콤으로 이어지는 일본 게임기를 접하게 되었는데, 당시 드래곤퀘스트나 파이널판타지류의 게임을 정말 좋아했다. 20년이 지난 지금도 이 두 게임은 전통을 이어가고 있는 역사가 깊은 게임이다.

필자가 군이 어린 시절 좋아했던 만화와 게임, 영화에 대한 이야기를 하는 이유가 궁금한 독자도 있을 것이다. 이제부터 조금 방향을 바꿔, 요즘 초등학생들은 무엇을 좋아하는지 얘기해볼까 한다. 요즘 초등학생에게 최고 인기 게임은 바로 '로블록스Roblox'이다.

미국주식을 하는 성인들은 로블록스를 2021년 3월 뉴욕 증시에 상장한 '메타버스 분야를 상징하는 게임 중 하나'라고만 알고 있고, 실제로 로블록스를 즐기는 성인은 많지 않을 것이다. 하지만 초등학생들 사이에서 로블록스는 '메타버스'가 아닌 자연스러운 '문화'이며, 로블록스를 하지 않으면 대화에 끼기가 어렵기 때문에, 학부모 입장에서는 이 게임을 어디까지 허용해야 할지 고민이 많은 상황이다.

또한 초등학생 자녀에게 스마트폰을 사주는 문제로 갈등을 빚는 학부모도 많다. 학부모 입장에서는 아무래도 유튜브나 게임이 잘 작동되지 않는 성능이 낮은 폰을 사주고 싶겠지만, 초등학생들 사이에서 인기 1순위 휴대폰은 단연 아이폰이다. 단순히 휴대폰에 그치는 것이 아니라, 아이폰을 사주게 되면 자연스럽게 아이들은 애플워치며 에어팟에 관심을 가지게 된다. 하지만 더 무서운 것은 이런 하드웨어를 통해서 아이들이 일찌감치 애플 생태계로 깊숙이 들어가게 되고, 거기에 익숙해져 간다는 것이다.

옛날 필자가 어릴 때 홍콩과 일본 문화를 접했던 상황과 현재 아이들이 미국문화를 접하는 상황 사이의 결정적인 차이점은, 문화를 함께 즐기는 사람 수에 있다. 인터넷이 없던 시절에는 단순히 주변, 기껏해야 친구나 내 주변부로 한정된 범위 내에서 문화를 공유할 수 있었지만, 요즘의 초등학생들은 전 세계 친구들과 같이 로블록스를 하고, 같이 애플 생태계를 즐기고 있다.

성인들에게 친숙한 마이크로소프트는 어떤가. 단순히 엑셀이나 파워포인트 같은 프로그램을 말하는 것이 아니다. 마이크로소프트 팀즈 Teams는 기업용 메신저, 문서 공동작업 및 관리, 화상회의, 타 업체와의 연계 등에 최적화되어 있다. 또한 클라우드 서비스 플랫폼인 '애저Azure'의 경우 꾸준하게 성장하며 마이크로소프트의 한 축을 담당하고 있다.

그뿐이 아니다. 마이크로소프트는 원래 엑스박스Xbox를 통해 게임 업계에서도 잘나가는 기업이었지만, 최근에 스타크래프트와 월드오브워크래프트, 디아블로, 오버워치 등 세계적인 인기 IP를 보유하고 있는 개발사 액티비전블리자드를 약 82조 원에 인수했다. 이제 게임은 단순히 오락용이 아니라, 메타버스와 직접적인 연관이 있는 분야로 인정받고 있고 마이크로소프트는 그 선봉에 있다.

아마존을 보자. 아마존은 단순한 물류배송업체가 아니다. 아마존은 인공위성 개발을 통한 우주인터넷 사업에 적극적으로 뛰어들고 있다. 글로벌 시장조사업체 가트너에 따르면 대한민국 기업에서 가장 많이 사용하는 업무용 클라우드 플랫폼은 아마존웹서비스AWS이며 그 비중은 절반인 50%에 달한다. 전 세계적으로 보아도 미국기업들인 아마존, 구글, 마이크로소프트가 클라우드 시장을 선도하고 있다. 〈월스트리트저널〉은 이 3개 회사가 2022년 1분기 전체 클라우드 서비스 시장의 65%를 차지했다고 보도했다. 4년 전엔 52%였는데 코로나 사태를 거치며 점유율을 더 끌어올린 것이다. 또한 아마존은 아마존 프라임 에어Amazon Prime Air 프로젝트를 통해 드론을 사용해 배송하는 시스템을 개발 중이며, 우리는 가까운 미래에 실제로 드론이 상품을 배송하는 모습을 볼 수 있을 것이다.

구글을 보자. 필자는 유튜브를 2021년 4월 처음으로 개설하였다. 정말 솔직히 말씀드리면 그 전에는 유튜브로 돈을 버는 시스템이나 유튜버들이 얼마나 노력하는지에 대해 잘 몰랐다. 하지만 유튜브 생태계 안으로 들어오고 나서야 알게 되었다. 이 생태계는 상상 이상으로 정말 어마어마하며, 정말 많은 돈이 유튜브를 통해 오가고 있다. 이제 기업들은 TV 광고보다 유튜브 광고가 더 효율적이라는 것을 알고 있다. TV에서 지나가듯이 보는 15초짜리 광고는 시청자의 머릿속에 각인되지 않지만, 특정 관심 분야에 해당하는 유튜브를 보다가 그에 관련된 광고가 나올 때에는 훨씬 효과적으로 각인된다. 더 무서운 것은 이 유튜브는 구글에서 아주 일부분만 차지한다는 것이다. 안드로이드 앱을 통한 매출의 30%를 구글이 가져가고 있고, 구글검색, 구글페이, 구글지도 등 실생활에 없어서는 안 될 요소들을 구글이 가지고 있다. 최근 러시아의 우크라이나 침공으로 구글과 애플은 러시아에서 구글페이와 애플페이 지원을 중단했다. 이 여파로 러시아 사람들이 지하철 이용에 애를 먹고 있다는 보도가 나오기도 했다.

마지막으로 테슬라를 자동차 회사로 알고 있다면 트렌드를 전혀 따라가지 못하고 있는 것이다. 테슬라는 배터리, 자율주행, 반도체, 인공지능, 인공위성 등이 합쳐진 종합 IT 회사로 봐야 한다. 이 모든 분야를 아웃소싱Outsourcing이 아닌 인소싱Insourcing으로 최적화시키는 모습을 보여주고 있는데 이는 과거 애플과 굉장히 유사한 흐름이다. 예전부터 PER(Price Earning Ratio, 주가수익비율. 주가가 그 회사 1주당 수익의 몇 배가 되는가를 나타내는 지표로 주가를 1주당 순이익인 EPS, 즉 당기순이익을 주식 수로 나눈 값)이 너무 높아 주가에 비정상적으로 거품이 끼어 있다는 비판이 있었으나, 매출이 급격히 증가하면서 PER이 점차 낮아지는 기현상을 보여주고 있다.

최근 러시아의 침공으로 우크라이나가 인터넷 사용에 어려움을 겪자, 테슬라 CEO 일론 머스크는 인공위성 스타링크를 통해 우크라이나 전역에 인터넷을 무료로 사용할 수 있게 해주었다. 이처럼 이제 미국기업은 단순히 기업체가 아니며, 한 나라의 시스템을 좌지우지할 수 있는 수준이 되었다. 미국의 패권 지위가 우리가 생각하는 것 이상으로 길어질 수밖에 없는 이유들이다. 정말 이 모든 미국기업들을 제치고 미국이 아닌 다른 나라 기업이 이런 역할을 할 수 있다고 생각하는가?

02 미국은 인구학적 장점을 유지할 것이다

미국은 역사적으로 굉장히 독특한 이력을 지닌 국가이다. 이민자가 토착민을 밀어내고 나라를 세웠기 때문에 이민자에 관대한 정책을 펼쳐 왔다. 트럼프 대통령 시기는 예외였지만 말이다. 대부분의 나라들이 민족주의를 앞세워 역량을 결집시키려는 분위기와는 굉장히 상반된다. 그래서 미국은 전 세계에서 유일하게 '후진국형 인구구조에 가까운 선진국'이다. 후진국형 인구구조란 젊은층 인구가 많고 중장년, 노년층으로 갈수록 인구가 적은 형태를 말한다.

2020년 기준 출산율이 0.8명대로 떨어지는 등 한국이 전 세계에서 가장 낮은 출산율을 기록하고 있지만, 이는 비단 한국뿐만이 아닌 선진국의 공통적인 고민거리이다. 미국도 출산율이 많이 감소하였다. 인구구

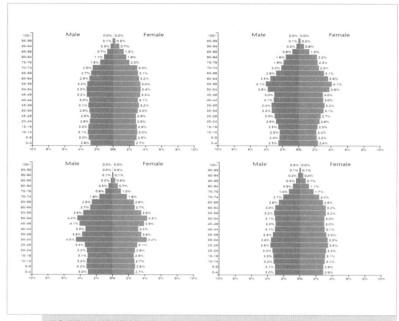

좌측 상단부터 시계방향으로 프랑스, 독일, 미국, 중국의 2019년 인구구조(출처:populationpyramid)

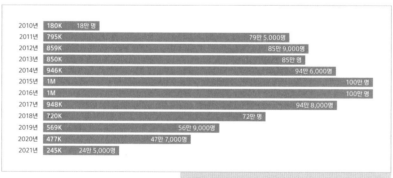

미국의 연도별 이민자 수 현황(출처: US뉴스앤드월드리포트)

조 도표에서 보다시피 프랑스, 독일, 중국뿐 아니라 선진국은 모두 '항아리형(방추형)'에 가까운 인구구조를 가지고 있다. 즉 중장년층에 비해 청년층의 비율이 적어지면서 생기는 구조이다. 하지만 미국은 유일하게 항아리형이 아니라 청년층의 인구가 두텁다. 이런 구조를 '피라미드형' 인구구조라고 하며 보통 후진국이 가지고 있는 모습이다.

그 이유는 이민자를 많이 수용하고 있기 때문이다. 미국의 이민자 수는 2010년 18만 명에서 2016년 100만 명으로 정점을 찍었고, 트럼프 정권에 들어서 감소세였지만 팬데믹에도 불구하고 2021년에도 24만 명을 기록했고 증가 추세라고 한다. 2019년 통계청에서 발표한 '2019 세계와 한국의 인구현황 및 전망'을 보면 미국의 국제순이동(입국자에서 출국자를 뺀 수)은 2005~2020년(2020년은 UN추계치)까지 세계 최고 규모였으며, 현재 세계 3위인 미국의 인구는 꾸준히 증가해 2067년에 이르러서도 세계 4위 규모를 유지할 것으로 추산한다. 참고로 이 보고서에서 65세 이상 고령인구 비중은 2019년 미국이 16.2%, 한국이 14.9%, 중국이 11.5%이며 2040년은 한국 33.9%, 미국 21.6%, 중국 23.7%로 얘기한다.

이민자에 대한 관대한 정책은 국가의 발전으로 이어졌다. 현재 나스닥의 최상위권을 이루는 유수 기업들의 CEO 중 절반은 토종 미국인이 아니다. 마이크로소프트, 구글 CEO는 인도인이며, 아마존 창업자이자 전 CEO였던 제프 베이조스의 아버지는 덴마크인, 애플의 전 CEO인 스티브 잡스의 아버지는 시리아인이다. 테슬라 CEO 일론 머스크는 남아프리카공화국 출신이며, 반도체 및 인공지능 분야의 핵심회사인 엔비디아

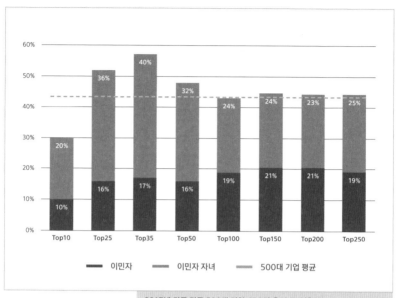

2017년 기준 미국 500대 기업 CEO의 출신 국가(출처: brookings.edu)

CEO 젠슨 황은 대만인이다. 최상위 기업뿐 아니라 S&P500에 속해 있는 500개 기업까지 확대해도, 미국 출신이 아닌 CEO가 43%로 절반에 육박한다.

비단 CEO뿐만 아니라 미국 실리콘밸리에서 근무하는 IT회사 근로자의 60% 이상은 미국인이 아니다. 더 무서운 것은 아직도 전 세계에서 미국대학이나 미국기업 등으로 진출하고 싶어 하는 젊은이들이 넘쳐 난다는 것이다. 미국의 부흥을 이제부터 시작이라고 보는 이유 중 하나이다. 과연 이런 현상이 미국이 아닌 다른 나라에서 가능할까?

03 미국은 셰일가스 혁명을 이루었다

미국의 셰일가스 혁명은 2014년부터 대위기를 겪었다. 당시 중동의 석유에 비해 셰일가스를 추출하는 데 비용이 많이 들었다. 즉 미국의 입장에서는 배럴당 유가가 60달러 이상은 되어야 손익분기점을 넘는 상황이었다. 하지만 2014년에 사우디아라비아는 미국의 셰일가스 생산에 위기를 느끼고 일부러 석유생산을 늘려 유가를 떨어뜨린다. 직전의 OPEC 회의에서 석유를 감산하기로 했었던 약속을 어기는 행위였다. 실제로 이 시기에 미국의 셰일가스 회사들은 줄도산을 맞았다. 당시 사우디아라비아의 석유생산 손익분기점은 배럴당 20달러대 수준이었기 때문에 이런 '석유전쟁'이 가능했었다.

하지만 결과적으로 미국의 셰일가스 산업은 무너지지 않았다. 오히려 이 위기를 기회로 삼아, 살아남은 셰일가스 회사들은 저유가의 상황에 적응하기 시작했다. 기술 발전으로 생산단가를 더욱 낮추고, 이윤폭을 낮추는 대신 더 많은 셰일가스를 생산하였다. 도태된 기업은 사라졌으나 살아남은 기업은 경쟁력을 갖추게 되었다.

또한 미국의 셰일산업이 사기업 주도였던 것과는 달리, 중동 국가의 경우 대부분 석유산업이 국유화되어 있었고, 석유산업 의존도가 너무 높았다. 즉 미국의 셰일산업을 죽이기 위해 치킨게임을 시작했지만, 저유가 상태를 오래 지속하는 것은 오히려 중동 지역의 경제적 상황을 악화시키게 된다. 중동 국가는 기존의 복지를 줄일 수밖에 없었고, 국민들은 이에 불만을 가지게 되었다. 반대로 미국은 IT나 금융 등 석유와 관련한 산업 말고도 돈을 벌 수 있는 분야가 다양했고 저유가는 오히려 미국의 다른 분야 기업들의 생산단가를 낮추어 주게 되었다.

이제 미국의 셰일가스 추출의 손익분기점은 과거와 달리 30달러대 수준으로 내려왔으며, 이는 전 세계에서 가장 석유 생산단가가 낮은 사우디아라비아에 이어 2위 수준이다. 즉, 나머지 중동 국가보다 미국의 생산단가가 더 낮다는 것을 의미한다. 게다가 석유 생산량은 전 세계에서 미국이 1위이다. 이는 단순히 미국을 석유 수입국에서 석유 수출국으로 뒤바뀌게 됐다는 것만을 의미하지 않는다. 셰일가스 혁명은 곧 미국의 에너지 독립을 의미하며, 더 이상 중동 국가에 저자세로 관계를 유지하지 않아도 된다.

2022년 러시아의 우크라이나 침공에는 여러 나라의 에너지 패권 다툼이 얽혀 있다. 러시아에서 유럽에 수출되는 천연가스는 가스관을 통하는데, 이 중 우크라이나에도 가스관이 지나가고 있다. 만약 우크라이나에 반러정권이 들어서면 이 가스관을 담보로 여러 가지 협상을 유도할 수 있기 때문에, 러시아 입장에서는 머리가 아플 수 있는 상황이다. 러시아가 우크라이나의 NATO 가입을 극렬히 반대하는 이유 중 하나이다. 그리고 이 전쟁으로 인해 유가가 올라감으로써 또 다른 이득을 보고 있는 곳은 다름 아닌 미국의 셰일산업이다. 반대로 러시아의 천연가스를 받아야 하는 유럽은 경제적 타격이 불가피하다.

의외로 전 세계에서 가장 많은 셰일가스 매장량을 가지고 있는 나라는 다름 아닌 중국이다. 하지만 중국은 셰일가스가 산 밑에 매장되어 있고, 셰일가스를 개발할 기술도 기업도 없다. 미국과 다르게 중국은 광물권의 사유화를 인정하지 않기 때문에, 사기업이 셰일가스가 나오는 토지를 매입하여 셰일가스 산업을 발전시키는 시스템 자체가 불가능하다. 이미 미국의 셰일가스 관련 기술은 타국에 비해 5년 이상 앞서 있으며, 생산단가를 낮추는 데에 성공한 미국 입장에서, 타국의 셰일가스 추출을 그냥 보고 있을 리 만무하다. 미국이 그동안 치러온 걸프전, 이라크 전쟁, 아프가니스탄 전쟁 등 수많은 전쟁들은 대부분 석유와 연관되어 있다.

04 401K 연금제도와 주주친화적 기업문화

401K 연금제도란 미국 내국세법 401조 K항에 규정된 연금제도를 의미한다. 21세 이상의 12개월 이상 일한 직장인이면 가입할 수 있는데 1년에 최대 납입할 수 있는 금액은 2022년 기준 2만 500달러로, 한화로 약 2,500만 원 수준이다. 이 금액은 소득공제가 되기도 하지만, 근로자가 2만 500달러를 납입하면 기업이 절반 정도를 추가로 납입해주기 때문에 (기업마다 기준이 다르다), 납입하는 순간 수익률이 +50%가 된다. 따라서 이 제도를 이용할 수 있는 상황의 직장인이라면 최대 한도까지 이 연금제도에 납입하고 싶어 한다. 미국자산운용협회(ICI)에 따르면 2020년 기준 미국인 총 6,000만 명 정도가 가입되어 있는데, 이는 미국의 생산가능인구(만 15~64세) 약 2억 명 중에서 약 30%가 가입되어 있다는 걸 뜻한다.

이 납입금으로 어떤 스타일로 투자할지를 납입자가 정할 수 있다. 미국은 주식형 펀드 쪽 비중이 약 60%, 혼합형 펀드가 약 15%, 채권형 펀드가 약 25%라고 한다. 한편 우리나라의 경우 퇴직연금 운용방식의 90%가 채권이나 예금 등 안전자산에 쏠려 있다.

앞서 미국은 후진국형 인구구조를 가진 선진국이라고 설명했던 적이 있다. 이는 앞으로도 미국의 생산인구가 계속 늘어난다는 것을 의미하며, 또한 401K 연금제도를 통한 주식투자액도 계속 증가한다는 것을 의미한다. 퇴직연금이 주식과 연관되어 있다 보니, 미국에서 주식은 주식투자자들만의 전유물이 아니다. 따라서 미국의 정책 또한 주가의 눈치를 보게 되기도 한다. 이런 특징들은 미국주식이 401K 연금제도가 없던 과거와 달리, 꾸준히 우상향할 것이라고 기대할 수 있는 증거자료이기도 하다.

2021년 기준으로 401K로 연금자산이 100만 달러(약 12억 원)가 넘는 가입자가 26만 명을 넘었다고 한다. 블랙록, 뱅가드 같은 세계적인 자산운용사들이 이 연금자산을 관리하고 있다.

다음으로 언급할 것은 주주친화적인 미국의 기업문화다. 아래의 그래프는 국가별 자사주매입 성향을 보여주는 자료이다. 자사주매입이란, 기업이 자기자본으로 자기회사의 주식을 매수하는 것을 의미한다. 기업에서 매수한 만큼 주가가 오르기도 하지만, 장기적으로 주식의 유동물량을 줄여주는 역할을 한다. 배당이란, 주식을 가지고 있는 사람들에게 주식을 소유하는 비율에 따라 기업의 이윤을 분배하는 것을 의미한다. 1주만 가지고 있어도 배당이 나오기 때문에, 배당을 선호하는 주주는 배

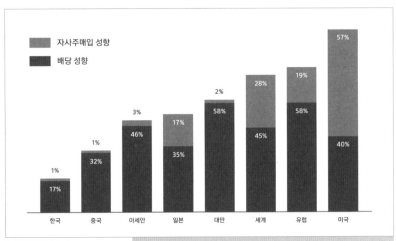

당 성향이 높은 주식을 더 많이 매수하려는 성향이 있다.

자사주매입과 배당을 주기적으로 시행하고 있다는 것 자체가 그 기업이 건전하다는 것을 입증하는 것이기도 하다. 이런 요인들이 합쳐져서 자사주매입과 배당 모두 주가를 상승시키는 요인이 된다.

그래프에서 보다시피, 미국의 기업들은 그 어느 나라보다 주주친화적이다. 적극적으로 자사주매입과 배당을 통해 주주들에게 기업의 수익을 공유하고 있다. 반대로 한국은 사회주의 국가인 중국보다도 주주친화적이지 못한 건 아닐까 생각될 정도다.

미국시장은 냉정하다. 어떤 기업이 자사주매입을 안 하거나 배당을 삭감하는 일이 발생하면 주가는 크게 하락하곤 한다. 반대로 자사주매입을 늘리거나 배당을 올리면 주가가 크게 상승한다. 배당킹, 배당귀족 등 일정 기간 이상 배당을 상승시켜온 회사들은 훈장 같은 명칭을 주주들에게서 부여받기도 한다. 주주들의 이런 냉정한 평가 때문에 미국의 기업들은 자사주매입과 배당에 적극적이며, 각종 공시가 투명하게 이뤄지는 이유이기도 하다.

05 미국은 주도적으로 금리정책을 펼칠 수 있다

미국의 금리정책 및 양적완화에 대해 얘기하려는데 이는 통화정책 전문가가 집필하면 책 한 권이 나오는 내용이기도 하다. 필자는 일반인으로서 엄청난 주식전문가도 아니지만 통화정책 전문가는 더더욱 아니기 때문에, 이 부분은 최대한 필자의 생각을 배제하고 적어보려고 한다.

일반적으로 정책금리를 내린다는 것은 시장에 유동성을 더 공급해서 경기를 부양하기 위한 의도가 있고, 반대로 정책금리를 올린다는 것은 시장에서 돈을 회수해서 과열된 경기를 억제시키려는 의도가 있다. 하지만 정책금리가 이미 0%대에 도달한 상황에서 경기침체가 올 경우, 경기를 부양시킬 방법이 예전에는 없었다.

하지만 '양적완화QE, Quantitative Easing'라는 개념이 생기기 시작했다. 시작은 일본이었다. 2000년대 초반에 일본은 디플레이션에서 벗어나기 위해서 세계 최초로 양적완화정책을 시행하게 되었다. 일본을 통해 간접적으로 양적완화의 효과를 목격한 미국은, 2008년 9월 리먼 브라더스가 파산하고 6개월 후인 2009년 3월에 처음으로 양적완화를 시행하게 된다.

미국에서 시행한 양적완화는 다음과 같은 방식이었다. 정부가 국채를 발행하고, 그 국채를 중앙은행이 화폐를 발행하여 매입한다. 그 매입에 해당하는 돈을 시중은행에 풀어 시장에 통화량 자체를 늘리게 되는 구조이다. 복잡하게 적었지만 결국 화폐량이 늘어난다는 게 요지다.

미국은 2009년부터 2013년에 걸쳐서 양적완화를 여러 번 시행하고 종료했고, 양적완화를 천천히 줄여나간다는 뜻의 '테이퍼링Tapering'이라는 개념도 이때 처음 생겨났다. 코로나 팬데믹이 진행되던 2020년 3월에 시작된 양적완화는 2021년 11월부터 테이퍼링으로 줄여나가다가, 2022년 3월에 종료되었다. 이처럼 미국은 큰 경제적 위기가 올 때마다 금리인하 또는 양적완화로 위기를 돌파해갔다.

하지만 미국이 아닌 다른 나라는 상황이 다르다. 미국은 자국 내 인플레이션 수치나 고용상황을 고려하여 통화정책을 결정하지만, 타국은 미국을 보며 통화정책을 정한다. 즉 미국이 금리인하를 해야 같이 금리인하를 할 수 있으며, 미국이 금리인상을 할 때 같이 금리인상을 해야 한다.

미국의 금리인상이 예고되어 있는 상황에서 금리인하를 하면 어떤 일이 벌어지는지는 최근의 튀르키예의 리라화를 보면 알 수 있다.

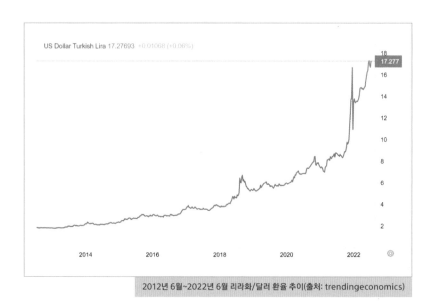

2012년 6월~2022년 6월 리라화/달러 환율 추이(출처: trendingeconomics)

　1달러당 리라 가격이므로, 가격이 오를수록 리라의 가치가 내려가고 있다는 걸 의미한다.

　최근 튀르키예는 미국과 유럽 아시아 등 대부분의 국가가 금리를 인상하고 있는 분위기에서, 경기부양을 위해 금리를 내리는 조치를 단행했다. 그 결과로 튀르키예 리라화의 가치는 급격히 하락하고 있으며, 심지어 애플은 잠시 동안 튀르키예에서 아이폰 판매를 중단하기에 이른다. 이에 러시아 우크라이나 분쟁이 겹치면서 튀르키예는 2022년 3월 소비자물가지수(CPI)가 전년 동월 대비 61.14% 상승했으며, 이는 20년 만의 최고치라고 한다. 즉 쉽게 비유하자면 작년에 1만 원 하던 국밥이 올해 1만 6,000원이라는 뜻이다.

잘못된 통화정책은 이처럼 돌이킬 수 없는 재앙을 국민에게 안겨줄 수 있다. 2년 전 팬데믹 시기이던 2020년 5월 한국의 기준금리는 0.5%였으나 2022년 5월 기준 1.75%로 상승한 상태이며, 앞으로도 추가적인 기준금리 인상이 예고되어 있다. 최근 기준금리 인상으로 기대출이 많은 사람에게는 이자 부담이 커지고 있지만, 한국은 원화의 가치를 떨어뜨리지 않기 위해서 최선을 다하고 있다고 봐야 한다.

06 지정학적 요소와 미국의 패권

고대에는 이집트, 페르시아, 로마제국, 진나라가, 중세에는 이슬람제국, 몽골제국이, 근세에는 스페인, 포르투갈, 네덜란드, 프랑스, 영국이, 유라시아 대륙은 동서고금을 막론하고 서로 영향을 주고받았다. 그리고 선박이 발달하면서 유럽은 전 세계를 호령하게 된다. 아메리카 대륙에도 마야 문명, 잉카 문명, 아즈텍 문명 등이 발전해 있었으나, 콜럼버스의 탐험 이후 아메리카 대륙은 급격하게 유럽의 식민지화가 되었다. 당시 아메리카의 토착민은 유럽인에 의해 노예가 되거나 유럽에서 온 전염병 때문에 전 인구의 90%가 사망했다고 한다. 당시 스페인 군사 200명과 아메리카 토착민 수만 명이 치른 전투에서도 스페인이 이길 정도로 기술력 차이는 컸다고 한다.

왜 아메리카 대륙이 상대적으로 과학기술의 발달이 늦었는지에 대해서는 여러 가지 설이 있지만, 대륙의 동서 길이 차이 때문이라는 설이 유력하다. 너무 덥지도 너무 춥지도 않은 중위도 지역에 사람들이 많이 모여 사는 것은, 동식물의 분포상 인류의 생존을 위한 당연한 선택이었다. 중위도 지역을 봤을 때 유라시아 대륙은 타 대륙에 비해 압도적인 길이를 자랑한다. 그만큼 많은 인구가 살았고, 그 인구가 서로 전쟁과 교역을 하며 경쟁해왔다.

반대로 아메리카 대륙은 중위도 지역의 동서 길이가 짧았기 때문에, 유라시아 대륙에 비해 경쟁이 치열하지 않았고 그만큼 문명의 발전속도가 상대적으로 더딜 수밖에 없었다. 당시 기술과학 발전에서 유럽과 너무 큰 격차가 벌어져 있었기 때문에, 아메리카 대륙의 운명은 유럽인의 손에 넘어갈 수밖에 없었다. 결국 아메리카 대륙에 세워진 국가의 중심은 토착민이 아니라 유럽인, 그것도 당시에 아메리카 이주에 적극적이었던 영국인이 되었다. 이러한 영향으로 현재도 미국 인구의 약 60%는 백인이며, 그중에 영국계가 큰 비중을 차지한다.

하지만 기술발전이 더디던 아메리카는, 미국이라는 단일국가가 세워지면서 전환점을 맞이하게 된다. 독립전쟁을 통해 영국으로부터 독립한 미국은, 당시만 해도 북아메리카 지역의 동부에만 위치해 있었지만, 프랑스령이던 중부지역과 러시아령이던 알래스카 지역을 돈을 주고 미국에 편입시키게 되었다. 그리고 토착민들이 살던 서부지역과 남부의 멕시코 지역의 일부까지 영토를 확장시키게 되었다. 결국 사람이 살기 제일 좋은 중위도 지역은 미국이 가져갔고, 추운 지역은 캐나다, 더운 지역은 멕시코가 되었다. 유라시아 대륙처럼 서로 경쟁하고 발전할 기회는 적었지만, 발전된 기술이 아메리카 대륙에 전파되는 순간부터, 미국 '땅덩어리'가 가진 장점이 극대화되기 시작했다. 미국에는 비옥한 토지도 있었고, 수많은 광물 및 석유도 있었고, 미시시피강, 미주리강 등 미국본토를 관통하는 강이 많아서 더 효율적인 운송이 가능했다. 그리고 끊임없이 분쟁이 일어나는 유라시아 대륙과는 달리 서쪽에 태평양, 동쪽에 대서양, 북쪽에 캐나다, 남쪽에 멕시코를 접하는 미국은 지정학적으로 타국의 침략을 받기 힘든 요새가 되었다. 특히 제 1, 2차 세계대전으로 망가진 유럽이 재건에 힘을 쏟는 동안, 침략당하지 않고 무기를 수출하며 경제적 이득을 얻은 미국은, 자연스럽게 패권국가가 되었다. 전 세계가 안정적인 교역을 할 수 있도록 경찰 역할을 자처하겠다는 제안을 당시의 유럽은 뿌리칠 수 없었다. 동서남북으로 지역적 분쟁이 끊이지 않는 중국과는 차별화될 수밖에 없는 부분이다.

미국주식은 세금이 많아서 투자하고 싶지 않아요

필자가 PART2를 통해 미국주식에 투자해야 하는 이유에 대해 역설했지만, 여전히 대부분의 우리나라 사람들은 한국주식에 투자한다. '자국편향성Home Country Bias' 현상이라고도 부르는 자국주식 투자성향은 우리나라뿐 아니라 다른 나라도 마찬가지이다. 애플이나 구글이 세계적인 대기업이라는 것을 알고 있다 하더라도, 삼성전자나 네이버가 더 익숙하기 때문이다.

미국주식 투자를 하지 않는 데에는 여러 가지 이유가 있다. 영어를 못해서, 주식시장이 밤중에 열려서 등 많은 이유를 들었지만, 필자가 생각하는 가장 어처구니없는 이유는 '세금이 있어서'이다. 의외로 많은 사람들이 미국주식에 '수익 시 양도소득세 22%'가 매겨져 있다는 이유로 미국주식을 하지 않는다.

일단 세금부터 설명해야 할 것 같다. 미국주식에는 양도소득세가 있으며, 한국주식에는 양도소득세가 없다. 더 정확히는, 미국주식에는 수익금 250만 원까지 비과세이고, 초과분에 대해서 국세 20% 지방세 2%를 세금으로 부과한다. 즉 수익이 1,250만 원이라면, 1,000만 원에 대해 22% 세금이 매겨지므로, 다음 해 5월에 220만 원의 세금을 내야한다. 같은 상황이라면 한국주식은 1,000만 원의 수익에서 세금을 매기지 않는다. 다만 대주주 요건에 해당될 때는 미국주식과 비슷한 수준의 세금이 매겨지기는 하지만 대부분의 개미에게는 해당되지 않는다. 이런 이유로 왜 미국주식을 하느냐고 묻는 사람도 있다.

같은 상황이라면 위 예시가 맞다. 하지만 과연 미국주식과 한국주식의 난도가 과연 같은 수준일까? 필자가 PART2에서 언급했던 항목들만 봐도 미국주식이 한국주식보다 훨씬 수익을 내기 쉬운 환경임은 부인할 수 없지만, 정말 큰 차이는 기업이 주주를 대하는 부분에서 하늘과 땅만큼의 차이가 난다는 것이다. 아래는 구글의 모회사인 알파벳의 기업구조이다.

독자께서는 구글이 '유튜브'를 상장하고 '구글맵스'를 상장하고, '구

알파벳의 기업구조(출처: CB Insights report)

글 인공지능회사'를 상장한다는 이야기를 들어본 적이 있는가? 알파벳은 160개가 넘는 자회사를 가지고 있지만 상장사는 오직 알파벳 한 곳뿐이다. 한국에서는 자회사를 분리해서 상장하는 경우가 비일비재하고, 그로 인해 모회사의 주가가 하락하는 패턴이 반복되어왔다. 미국은 조금 다르다.

왜 이런 차이가 발생할까? 왜 미국은 PART2 4장에서 설명했던 것처럼 주주친화적일까? 왜 미국은 공시자료가 명확하고 투명할까? 이는 그동안 미국주주들이 미국회사들을 냉정하게 평가하며 행동해왔기 때문이다. 배당이 삭감되거나 수익구조가 악화되거나 하는 상황이 벌어지면 그 회사의 주식은 처참할 정도로 냉정한 평가를 받는다. 미국의 경우 회사가 상장하는 것 자체도 한국에 비해 조건이 훨씬 까다로우며, 금융시장의 건전성을 해치는 행위를 하거나 금융법을 어기게 되면, 굉장히 강도 높은 처벌을 받는다. 반대로 수익구조가 개선되거나 성장동력이 발견되면 그 회사의 주식은 큰 기대를 받으며 상승한다.

세금을 내더라도 수익을 내는 것을 선호하는가? 아니면 수익을 내기 힘들어도 세금을 내지 않는 것을 선호하는가? 세금 때문에 미국주식을 하기가 꺼려진다는 얘기를 들을 때면, 필자는 이렇게 생각한다. "나는 세금 내기 싫어서 돈 벌지 않을래요"와 다른 것이 뭘까.

PART 3

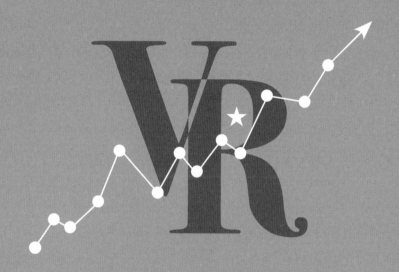

장기투자에서
리밸런싱이 필요한 이유
VALUE REBALANCING

01 적립식 투자는 장기적으로 큰 약점이 있다

PART2에서 미국주식 투자의 당위성을 다뤘고, PART3에서는 장기투자에 있어 리밸런싱이 필요한 이유에 대해 살펴보겠다. 또한 기존의 리밸런싱 방법들을 보완하기 위한 새로운 방법의 필요성에 대해 서술할 예정이다. 이후 그 대안으로 PART4에서 본격적으로 '밸류 리밸런싱' 장투법을 알아보고자 한다.

혹시나 이 책을 읽게 된 주식 초보자분들 중 '리밸런싱'이란 개념이 낯선 분이 있을지 모르니 간단하게 이 용어부터 정리하고 들어가려 한다. '리밸런싱'이란 말그대로 '밸런스balance'를 '다시re' 맞춘다는 것이다. 자산마다 일정 비율을 정해두고, 시장의 상황에 따라 보유하고 있는 종목들을 조절하는 것이다. 즉, 초기 상태보다 오른 자산은 매도하고, 내린

자산은 매수해 일정한 비율을 유지하는 것을 뜻한다.

　이 책은 장기투자법을 다룬다. 장기투자라고 하면 일반적으로 사람들은 일종의 적금처럼 꾸준하게 투자해나가는 '적립식 투자'를 떠올린다. 일반인 투자자들이 오해하는 것 중에 하나는, 적립식 투자는 무조건 안전하고 옳은 투자방법이라는 생각이다. 심지어 닷컴버블과 리먼 브라더스 사태 시절에도 적립식 투자를 하면 위기를 극복할 수 있다고 백테스트 자료를 보여주는 유튜브 영상도 있다. 하지만 이것은 반은 맞고 반은 틀린 말이다. 역사적인 두 사건을 적립식 투자로 극복할 수 있는 경우는, 그 역사적인 위기의 초반부에서 적립식 투자를 시작했을 경우뿐이다. 문제는 내가 투자를 시작하려고 하는 시점이 위기의 초반부인지 중반부인지 종반부인지 알 수 없으며, 적립식 투자의 끝자락에 어떤 종류의 위기에 처할지 모른다는 것이다.

　예를 들어 월 50만 원씩 TQQQ를 꾸준히 매수했다고 가정해보자. 초반에 보유한 주식의 평가금이 500만 원이 되었을 때에는, 추가매수액 50만 원의 비중은 기존 투자액의 10% 수준이다. 하지만 후반부에 만약 평가금이 5억 원이 되었다면, 추가매수액 50만 원의 비중은 기존 투자액의 0.1% 수준에 지나지 않는다. 기존에 투자된 금액에서 새롭게 적립하는 돈이 차지하는 비중, 즉 적립의 비중이 줄어들기 때문에, 추가매수의 장점이 점점 줄어들 수밖에 없는 구조적 문제가 있다. 다시 말하자면 시간이 지날수록 적립식 투자는 점점 '거치식 투자'처럼 변모하는 것이며, 후반부에는 월적립을 하는 것이 큰 의미가 없어진다.

따라서 적립식 투자의 초반부에 큰 위기를 맞는 것은 오히려 정말 운이 좋은 경우이며(추가매수의 영향력이 큼), 반대로 적립식 투자의 후반부에 큰 위기를 맞는 것은 올인투자에서의 위기와 다를 것이 없다. 우리가 위험하다고 이야기하는 그 올인투자를, 아이러니하게도 적립식 투자 후반부에 맞이하게 되는 상황이 된다.

결국 리밸런싱이 없는 단순 적립식 투자는, 후반부의 약점 때문에 효과적인 투자방법이라고 보기 어렵다. 따라서 리밸런싱은 주식을 오래 이어나가기 위해서 반드시 필요한 요소이다. 적립식 투자는 초반부에는 효율적인 투자이지만, 적립식 투자만으로는 후반부 위기를 돌파할 수 없기 때문이다.

02 대표적인 리밸런싱 전략 '주식/채권 리밸런싱'

우리는 주식투자를 오랫동안 이어가기 위해서 리밸런싱에 대해 공부할 수밖에 없다. 여러 가지 리밸런싱 방법이 있지만, 전통적으로 유명한 리밸런싱 방법 중에 하나가 바로 '주식/채권 리밸런싱'이다. 아마 많은 분들이 이 리밸런싱에 대한 개념을 알고 계실 것이라고 생각한다. 리밸런싱 주기는 1년, 6개월, 3개월 주기를 선택하는 경우가 많고 어느 주기가 더 나을지는 알 수 없다. 만약 1년을 주기로 잡았다는 것은 무려 1년에 한 번 매매를 해서 밸런스를 맞춘다는 것을 의미한다. 또는 주기가 아니라 비율 차이가 벌어지면 리밸런싱을 행하는 밴드형 리밸런싱(Threshhold, 타깃들이 정해둔 제한폭을 벗어났을 때 리밸런싱을 하여 비중을 맞춰주는 방식)도 있다. 밴드형 리밸런싱이 주기형 리밸런싱보다 무조건 수익률이 높다는 말은 아니며, 방법론의 차이일 뿐이다.

주식/채권 리밸런싱이 인기 있는 이유는, 금이나 원자재, 물가연동채 등 더 복잡한 요소를 집어넣은 리밸런싱에 비해서 간단하기 때문인 것도 있지만, 주식과 채권의 관계가 '음의 상관관계'라는 성질이 있기 때문에, 수학적으로 더 효율적인 투자가 가능했었기 때문이다. 여기서 음의 상관관계란, 서로 상승과 하락이 반대로 나타나는 관계를 의미한다. 예를 들어 주식이 상승하면 채권이 하락하고, 주식이 하락하면 채권이 상승하는 성향을 뜻한다. 참고가 될 '섀넌의 도깨비 이론Shannon's Demon Theory'은 주가가 하락과 상승을 반복할 때 리밸런싱의 효과를 증명하는 근거가 되는데《라오어의 미국주식 무한매수법》에서 소개하기도 했고, 워낙 유명한 개념이기 때문에, 잘 모르시는 분은 검색해보시길 추천드린다. 가장 유명한 1년 주기 주식/채권 리밸런싱 방법을 간단히 설명드리면 다음과 같다. 사실 어떤 주식과 채권을 골라야 하는지에 대한 것부터 굉장히 다양한 의견들이 있지만, 제일 간단한 예시만 가정해보겠다.

주식은 S&P500지수를 추종하는 ETF인 'SPY'를 고른다. S&P500은 미국의 신용평가 회사인 스탠더드앤드푸어스STANDARD&POOR'S에서 개발한 주가지수이다. 그리고 채권은 미국 장기채권인 'TLT'를 고른다. 조금 더 복잡하게 가면 주식에서 미국과 신흥국을 섞기도 하고, 채권은 단기채권과 장기채권을 섞기도 하지만, 여기서는 가장 간단한 예시를 정하였다. SPY와 TLT의 약 20년간 상관관계는 다음과 같다.

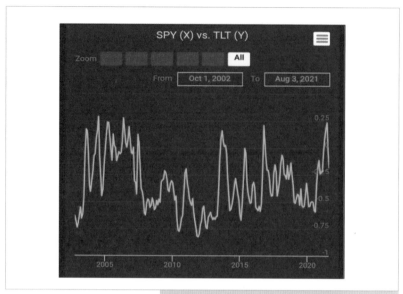

SPY와 TLT의 2002~2021년 동안의 상관관계(출처: tiingo.com)

기간에 따라 등락이 있지만, 평균적으로 −0.4 ～ −0.5 사이의 상관관계를 가지고 있다. 참고로 상관관계가 −1이라는 것은 서로 완벽히 반대로 움직일 때를 뜻한다. 예를 들면 'SPY'와 인버스 ETF인 'SH'의 관계이다.

전통적인 주식/채권 리밸런싱 비율인 6대 4로, 약 20년간 1년에 한 번씩 리밸런싱을 하면 어떻게 될까? 다음 페이지의 그래프에서 파란색은 SPY만 거치식으로 투자했을 때이고, 빨간색은 SPY/TLT을 6대 4로 1년에 한 번씩 리밸런싱을 했을 때이다.

코로나 팬데믹 이후 한동안 주식시장 활황으로 SPY만 투자했을 때 수익률이 약간 더 높은 것은 사실이나, 연평균성장률CAGR은 겨우 1.3%

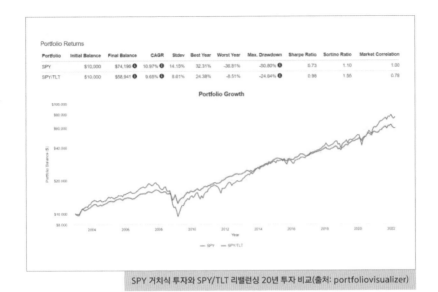

Portfolio Returns

Portfolio	Initial Balance	Final Balance	CAGR	Stdev	Best Year	Worst Year	Max. Drawdown	Sharpe Ratio	Sortino Ratio	Market Correlation
SPY	$10,000	$74,196	10.97%	14.15%	32.31%	-36.81%	-50.80%	0.73	1.10	1.00
SPY/TLT	$10,000	$58,941	9.65%	8.61%	24.38%	-8.51%	-24.84%	0.98	1.55	0.78

Portfolio Growth

SPY 거치식 투자와 SPY/TLT 리밸런싱 20년 투자 비교(출처: portfoliovisualizer)

정도 차이이다. 하지만 변동성stdev은 무려 14.15%와 8.61%로 약 1.65배 차이가 난다. 최대하락률MDD은 SPY가 -50.8%이고, SPY/TLT는 절반도 안 되는 -24.64%이다.

그래프의 중간과정만 봐도, SPY와 SPY/TLT 투자의 수익률은 엎치락뒤치락했다는 것을 알 수 있다. 즉 많은 기간들에서 오히려 SPY/TLT 의 수익률이 더 좋았다는 것이다. 또한 비슷한 수익률에서 변동성이 적은 것은 현실적으로 굉장히 큰 의미가 있다. 대부분 투자자들은 큰 변동성을 견디기 어려워하기 때문이다.

수익을 조금 더 누리고 싶다면 SPY와 TLT의 비율을 6대 4가 아니라, 7대 3, 8대 2 등으로 선택할 수 있다. 하지만 메리츠증권의 자료에 의

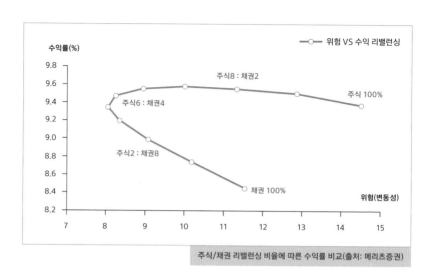

주식/채권 리밸런싱 비율에 따른 수익률 비교(출처: 메리츠증권)

하면 SPY/TLT 비율이 6대 4, 7대 3, 8대 2일 때 수익률은 거의 차이가 없으며, 변동성만 커진다고 한다.

위 그래프에서 보듯 수익률은 7대 3이 가장 좋아 보이지만, 변동성이 커지기 때문에 6대 4에 비해 효율적인 투자라고 보기 어렵다. 주식을 0%로 둔 채권 100% 투자가 오히려 6대 4 투자보다 변동성이 더 크다는 것은 주목할 만한 내용이다.

전설적인 투자자 워런 버핏은 아내에게 "내가 죽으면 10%는 국채를 매입하고, 90%는 S&P500지수 추종 ETF에 투자하라"고 조언했다는 굉장히 유명한 일화가 있다. 즉, 워런 버핏은 주식을 잘 모르는 사람도 이 정도의 간단한 자산분배만 해도, 평생 주식에 발을 담그고 지내기에 무리가 없다고 판단한 것이다.

03 주식/채권 리밸런싱은 왜 현시대에 맞지 않을까

이처럼 주식/채권 리밸런싱은 많은 투자자에게 오랫동안 사랑을 받아왔다. 하지만 최근 들어 많은 매체에서 다른 주장이 나오고 있는 것도 사실이다. 이 중 자주 등장하는 주장 두 가지는 다음과 같다.

하나, 채권과 주식이 더 이상 음의 상관관계를 이루지 않을 가능성이 높다

앞서 예시로 들었던 주식/채권 리밸런싱은 주식과 채권이 어느 정도 음의 상관관계를 가져야 리밸런싱의 효과가 커진다. 반대로 만약 두 자산의 관계가 음의 상관관계를 이루지 못하면, 변동성을 줄여서 위험을 낮

추려는 리밸런싱의 의미가 희석되는 것이다

〈블룸버그Bloomberg〉의 보도에 따르면 뱅크오브아메리카BoA, Bank of America는 "60/40 포트폴리오의 종말the end to 60/40"이라는 보고서를 통해, 더 이상 주식과 채권이 음의 상관관계를 가지기 어렵다고 주장했다. 그 이유는 선진국들의 인구가 고령화됨에 따라 채권의 인기가 더 높아지면서 채권가격이 고평가되고 있다는 것이다. 주식도 아니고 채권에 거품이 낀다는 것은 언뜻 이해하기 어려운 부분도 있지만, 많은 매체에서 이 현상을 주목하고 있는 것도 사실이다.

둘, 금리인상 기간 동안 채권의 역할이 비효율적이다

주식/채권 리밸런싱이 큰 효과를 보려면, 채권이 주식과 음의 상관관계를 가지는 것과 더불어, 채권의 가격이 장기적으로 우상향이어야 한다. 먼저 최근 20여 년 동안의 TLT 차트를 보면, 장기채권의 가격은 장기적으로 우상향하는 것처럼 보인다.

하지만 TLT ETF는 2002년 여름에 탄생했으며, 2002년 이전에 어떤 모습이었을지는 장기채금리를 통해서 짐작할 수 있을 뿐이다.

다음 페이지의 두 번째 차트는 1977년부터 2020년까지 43년 동안 미국 30년 장기채권의 금리이다. 1980년 초반 이후로 꾸준히 금리가 우하향하고 있단 걸 알 수 있다. 채권금리와 채권가격은 정확하게 역의 상관관계이기 때문에, 옛날에도 TLT가 있었다면 1982년부터는 TLT 가격

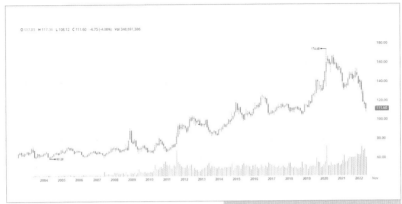

2002~2022년 TLT의 주가 흐름 (출처: webull)

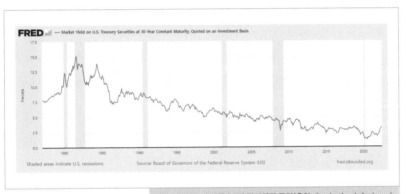

1977~2020년 미국 30년 장기채권 금리(출처: fred.stlouisfed.org)

이 꾸준히 우상향했을 것이라는 것을 알 수 있다.

하지만 위 43년 차트 중에서 최근 시기만을 다시 살펴보자.

장기채금리는 2020년 코로나 팬데믹 때 저점을 찍고 다시 반등하고 있는 모양새이다. 이는 코로나 시기 연준(Fed, 연방준비제도로 미국의 중앙

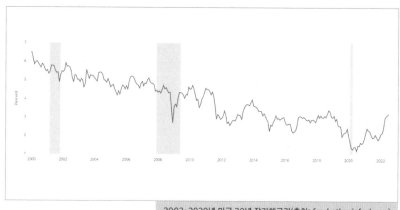

은행 역할을 수행한다)이 제로금리 및 양적완화를 시행했기 때문이다. 그리고 최근에 들어서선 제로금리에서 시작한 금리가 올라가고 있으므로, TLT의 가격은 내려가고 있다는 걸 추측할 수 있다. 이는 최근 TLT의 가격을 보면 바로 확인할 수 있다. 다음 페이지의 TLT의 최근 차트를 보자.

방금 장기채금리가 올라가는 모습을 보고 추측했던 것처럼, TLT 가격은 내려가는 추세임을 알 수 있다. 그렇다면 현시대에 장기채금리는 왜 올라가는 추세(= TLT 가격이 내려가는 추세)가 되었을까?

일반적으로 금리는 다음과 같은 공식을 사용한다.

금리 = 무위험 수익률 + 위험 프리미엄

돈을 빌려주는 사람은 당연히 이자를 바란다. 무위험 수익률이란 간

단히 말해 돈을 빌려준다는 것만으로 기대되는 수익률이다. 그런데 돈을 빌리는 사람마다 금전 사정도 다르고 신용도도 다를 것이다. 이런 것들을 위험 프리미엄이라 한다. 즉 돈을 빌려주는 사람이 현재의 소비를 포기하는 대가와 짊어져야 할 리스크를 고려해 금리가 결정되는 것이다. 일반적으로 단기채는 금리가 낮고, 장기채는 금리가 높은 경향이 있다. 이유는 기간이 길어질수록 미래에 대한 불확실성이 크기에 위험 프리미엄을 높게 치기 때문이다. 요즘 "장단기금리차 역전"이 한창 이슈인 이유도, 장기금리가 단기금리보다 더 높은 것이 일반적인데 이것이 뒤집혔기 때문이다. 은행은 예금이자를 주고 대출이자를 받아서 수익이 생기기 때문에, 장단기금리차가 클수록 은행 입장에서 대출을 해주기가 유리한 환경이 된다. 즉 반대로 말하면 장단기금리차가 좁혀지거나 역전이 되는 현상이 길어질수록, 은행 입장에서 대출에 소극적이 될 수밖에 없고 그만

큼 시중에 현금이 더 많이 돌지 않기 때문에 이는 장기적으로 불황을 초래할 수 있다.

코로나로 인해 연준은 경기부양을 위해 제로금리 및 양적완화를 시행했으며, 기준금리가 낮아졌기 때문에 덩달아 장기채금리도 어느 정도 낮아지는 효과가 있었다. 하지만 최근에 러시아와 우크라이나 사이의 전쟁으로 인한 유가상승과 양적완화의 부작용으로 인플레이션 수치가 커지면서, 연준은 다시 금리를 급격히 올리는 쪽으로 방향을 선회하게 되

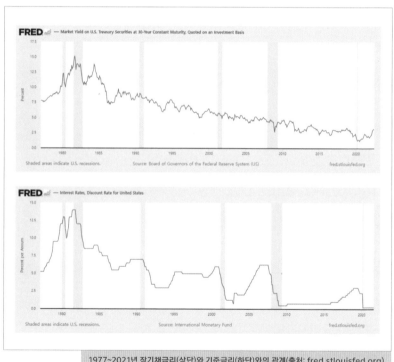

1977~2021년 장기채금리(상단)와 기준금리(하단)와의 관계(출처: fred.stlouisfed.org)

었고, 이 정책으로 단기금리가 먼저 오르고, 또한 장기금리도 올라가는 방향으로 가고 있다. 단기금리는 정책의 영향이 빨리 반영되는 편이고, 장기금리는 시장 반응의 영향력이 더 크기 때문이다.

즉, TLT 가격의 하락 추세는 어느 정도 예견된 것과 같다. 따라서 주식/채권 리밸런싱이 인기가 있었던 이유는, 1980년대 이후 기준금리가 꾸준히 내려가면서 채권가격이 상승하는 추세였기 때문이다. 반대로 현재 저금리 시대에는 더 내려갈 금리가 없기 때문에 채권투자가 과거만큼 효과를 발휘하지 못한다는 것을 의미한다.

필자도 채권과 주식을 리밸런싱하는 것에 대해서 많이 고민하였지만, 현시대에 맞지 않는다는 생각이 머릿속을 떠나지 않았다. 채권투자는 결국 타이밍이 맞지 않으면 오히려 현금보다 못한 역할을 하게 된다는 한계가 있다. 필자 또한 일반 개미투자자 입장에서 채권의 효율적인 사이클을 노리는 것이 쉽지 않기 때문에, 가장 쉬운 방법인 '현금'으로 리밸런싱을 하는 쪽으로 방향을 선회하게 되었다. 이어지는 PART4에서는 필자가 독자적으로 개발한 주식/현금 리밸런싱 방법인 '밸류 리밸런싱'에 대해서 설명하도록 하겠다.

레버리지는 장투하면 녹는다고 하던데요

TQQQ는 QQQ의 3배 레버리지 ETF로서 변동성이 큰 특징이 있기 때문에, 횡보장에서 주가가 하락하는 성향이 있다는 것은 널리 알려진 상식이다. 만약에 하락장을 만나게 된다면, QQQ가 다시 전고점에 도달하는 순간에, TQQQ는 절대 전고점에 도달하지 못한다. 'TQQQ가 전고점에 도달할 수도 있고 아닐 수도 있다'가 아니다. 이는 수학적으로 정해진 사실이다. 변동성이 클수록 잠식현상도 커지기 때문인데, 이 예시는 《라오어의 미국주식 무한배수법》에 자세히 소개되어 있고, 또 'Volatility decay'를 검색하면 수없이 많은 자료들이 나오므로 쉽게 알아볼 수 있다.

따라서 미국주식에 투자하겠다는 것과 TQQQ에 투자하겠다는 것은 엄밀히 말하면 다르다. TQQQ는 레버리지 투자, 그것도 3배 레버리지 투자이다. 그렇다면 필자는 왜 이런 위험한 투자를 하려고 하는 것일까?

QQQ가 하락했다가 전고점에 도달하는 그 순간에 TQQQ는 전고점에 도달하지 못하는 것은 사실이다. 하지만 우리는 QQQ가 전고점에 도달하는 순간에 주식을 그만둬야 할 이유가 없다. 레버리지 투자는 상승장을 만났을 때 '양의 복리'를 얻게 되고, 하락장을 만났을 때 '음의 복리'를 얻게 되고, 횡보장을 만났을 때 '잠식현상'이 벌어진다. 이런 현상 때문에 TQQQ는 매일 QQQ의 3배만큼 이동하지만, 장기적으로는 QQQ의 3배만큼 이동하지 않는다.

예를 들어 2011~2020년 사이의 10년 동안 QQQ는 약 8배 정도 상승했으나, TQQQ는 24배가 아니라 105배 정도 상승했다. 반대로 닷컴버블과 리먼 사태를 연달아 맞았던 2001~2010년에는 QQQ는 거의 제자리로 돌아오지만 같은 기간에(실제 이 시기 TQQQ는 없었으나 있었다고 가정 시) TQQQ는 -80% 이상을 맞이한다. 이렇듯 3배 레버리지의 변동성은 약이 되기도 하고 독이 되기도 한다.

이런 상황을 모두 알고 있기 때문에 필자는 올인은 하지 않으면서 현금과 TQQQ를 효과적으로 리밸런싱하면서 장투하는 방법을 고민해 왔다. 하지만 밸류 리밸런싱이 닷컴버블과 리먼 사태를 효과적으로 극복했다고 할 수는 없다. 억지로 극복하게 만들어낼 수는 있으나, 결과를 알고 만들어내는 것은 말이 안 될 뿐더러(이렇게 상황에 맞춰 만들어 내는 것을 과최적화라고 한다), 그 시기를 극복하도록 만들어낸 수식은 현시대에 와서는 효과적이지 않다. 우리는 이미 나스닥의 PER이 비정상적으로 높아지면 무슨 일이 벌어지는지 겪었고, 강아지에게 부동산담보대출을 해주고 그 대출로 파생상품 및 보험상품을 만들면 어떤 일이 벌어지는지도 겪었다. 닷컴버블 시절에 비하면 현재의 미국기업은 탄탄한 매출이 뒷받침되어 있고, 또 리먼 사태 시절에 비해 금융법이 많이 개선되었다. 그리고 PART2에 기술한 내용처럼 2010년대 이후로 미국은 셰일가스를 추출하면서 세계 최대 산유국이 되었고, 금리인하 및 양적완화를 대위기마다 사용하고 있다.

따라서 필자는 닷컴버블 정도의 역사적인 사건이 반복될 가능성은 굉장히 희박하다고 생각하기 때문에 3배 레버리지 투자를 최대한 현금과 조절하면서 이어가는 중이다. 그리고 전 재산을 무리해서 주식에 올인하지 않는 것으로 위기를 대비하고 있다. 예상치 못한 일은 반드시 또 벌어질 것이다. 21세기에 전염병으로 전 세계의 발이 묶이리라고는 아무도 상상하지 못했던 것처럼 말이다. 그래서 우리는 끊임없이 미국과 전 세계에 관심을 가져야 한다. 하기 싫어도 그렇게 될 것이다. 내 돈은 소중하니까 말이다.

VALUE REBALANCING

PART4

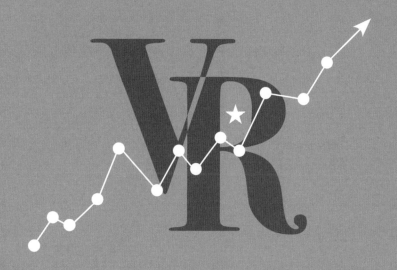

밸류 리밸런싱 방법론
VALUE REBALANCING

01 밸류 리밸런싱의 전반적인 개요

필자가 개발한 장투법은 '밸류 리밸런싱(Value Rebalancing, 이하 VR)'이라고 한다. 밸류와 현금 사이의 리밸런싱을 의미한다. 앞서 PART2 4장에서 기술한 것처럼, 1991년 발간된 마이클 에들슨의《밸류 에버리징》방식을 응용한 것이다.

VR을 운용하는 방식은 3가지가 있다. 적립식VR, 거치식VR, 인출식VR이 그것이다. 하지만 이 책 전반에 걸쳐 다룰 VR을 이해하게 된다면 적립식, 거치식, 인출식이라는 구분이 그렇게 중요하지는 않다는 것을 알게 될 것이다. 어차피 VR이라는 장투 시스템의 밑바탕은 한 가지로 동일하기 때문이다. 이런 특징들은 이어지는 PART5에 걸쳐서 기술하였다.

이번 PART4에서는 본격적으로 VR의 방법론과 예시를 상세하게 설명할 것이다. 누구라도 VR을 혼자서 따라 할 수 있게끔 구성했다. 하지만 책을 읽어도 혼자 시작하기 힘든 경우에, 필자가 직접 정기적으로 실천해나가며 예시를 드리고 있는 VR투자를 필자의 유튜브 채널에서 참고할 수도 있다. 용어에 대해 정리하자면 다음과 같다.

먼저 **적립식VR**은 주기적으로 일정한 금액을 적립하는 형태의 VR을 뜻한다. 특히 투자를 시작한 초반에 큰 위기를 겪는다면, 적립식 투자는 위기를 극복할 수 있는 큰 힘이 된다. 하락장에서 작은 금액을 추매하는 것만으로도 미래에 큰 수익을 가져올 수 있기 때문이다.

거치식VR은 추가적인 적립이나 인출 없이 VR장투를 이어가는 것을 뜻한다. 투자가 장기화될수록 적립식VR과 인출식VR 모두 적립금이나 인출금에 비해 평가금이 커지기 때문에, 꼭 거치식VR을 하지 않더라도 결국 모든 투자방식은 거치식VR처럼 변해간다. 즉, 투자 후반부에는 주기적인 적립금이나 인출금이 투자에 크게 영향을 주지 않는다.

인출식VR은 주기적으로 일정 금액을 인출하는 형태의 VR을 뜻한다. 투자 후반부에는 TQQQ의 평가금이 커지기 때문에, 전체 자산에서 TQQQ가 차지하는 비중이 점점 커질 수밖에 없다. TQQQ의 비중이 큰 상태에서 역사적인 하락장을 맞이하게 되면, 아무리 밸류 리밸런싱으로 대응하더라도 변동성을 감당하기 어려워질 수 있다. 따라서 인출식VR을 통해 어느 정도의 금액을 미리 현금화함으로서, 전체 자산에서 TQQQ의 비중을 조절할 필요가 있다.

적립식VR은 더 공격적으로, 인출식VR은 더 안정적으로 운용하는 쪽으로 가이드하고 있으나 본인의 성향에 따라 더 높은 수익을 노리는 대신 위험도를 높일지 안정성을 위해 목표수익을 조금 낮출지를 쉽게 선택할 수 있다. 응용하는 방법은 PART7에 걸쳐 기술하였다.

따라서 개인적으로는 TQQQ VR을 적립식VR과 거치식VR을 거쳐 인출식VR로 천천히 전환하는 것을 계획하고 있고, 추후 검소하게 생활하지 않아도 될 만큼의 충분한 금액을 마치 배당처럼 매월 인출하는 것을 목표로 하고 있다. 진정한 경제적 자유는 큰 고민을 하지 않고 소비할 자유라고 생각하기 때문이다.

VR의 진행을 글로 설명하기 이전에, 그래프를 통해서 VR이 진행되는 모습을 간단하게 먼저 보여드리겠다.

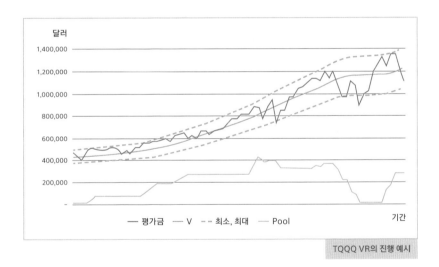

TQQQ VR의 진행 예시

그래프에서 빨간색으로 표시된 선은 평가금으로 보유한 TQQQ의 총 평가금을 뜻한다. 즉 빨간색 선은 실제 내가 보유한 주가의 평가금 총액이 움직이는 모습을 나타낸다. 그리고 위아래로 최소, 최대라고 표시한 초록색 점선이 보이고(최소밴드, 최대밴드) 그 가운데에 주황색 실선인 V가 있다. 평가금이 점선 안에서 위아래로 움직이는 모습을 볼 수 있다. 그리고 하단에는 파란색으로 또 Pool이라고 부르는 무엇인가가 움직이고 있다. 이 그래프가 무엇을 의미하는지 이제부터 공식과 함께 설명드리고자 한다. 먼저 VR의 공식이다.

$$V_2 = V_1 \times 상승률 \pm (적립금 \text{or} 인출금)$$
$$= V_1 \times (1 + \frac{pool / V_1}{G}) \pm (적립금 \text{or} 인출금)$$

이 공식의 핵심은 '상승률'을 어떻게 계산하느냐이다. 2주를 1사이클로 설정해서, 매 사이클마다 새로운 V값을 계산하면서 진행하기 때문이다. 상승률 계산만 익숙해진다면 VR을 거의 다 이해했다고 봐도 무방하다. 먼저 공식에 등장하는 여러 용어와 개념에 대해 설명해드리도록 하겠다.

V: Value

'밸류'라는 뜻으로, 쉽게 말하면 내가 보유한 주식의 평가금이 지향

하는 수치를 의미한다. 여기서는 TQQQ 평가금이 어떤 흐름으로 가야 할지 가이드하는 역할을 한다. V_2는 새로운 V값을 뜻하며, V_1은 직전 V값을 뜻한다. V_1이 1사이클의 V값이고, V_2가 2사이클의 V값, V_3가 3사이클의 V값의 방식으로 계산해나간다.

P: Pool

'풀'은 저장고, 저금통, 예수금 등의 의미로, 주식을 사지 않고 쌓아두는 현금에 해당한다. 매수가 발생하면 Pool이 감소하고, 매도가 발생하면 Pool이 증가한다. 장투를 하는 과정에서 추가로 투입하거나 인출하는 금액 역시 이 Pool에 반영된다.

G: Gradient

기울기를 결정하는 요소를 의미한다. 분모의 G값이 커질수록 V의 기울기를 일부러 낮추려는 의도가 있으므로, TQQQ 장투에 있어서 더 안정적인 운용이 가능하다. 각자의 성향에 따라 G값을 선택할 수 있다. 이 책에서의 실전예시는 적립식VR과 거치식VR은 G = 10으로, 인출식 VR은 G = 20으로 고정했지만, 현실에서는 G값을 천천히 증가시킬 것을 권유드린다. 평소 TQQQ나 QLD 등 레버리지 ETF 개념에 익숙한 사람이라면 이후에 소개할 백테스트 결과를 보자마자 어떤 퍼포먼스를 보이는지 금방 이해할 수 있을 것이다. PART7에서 G = 5, G = 10, G = 20, G = 30 등 G값의 변화에 따른 백테스트 결과를 예시로 보여드릴 예정이다.

최소밴드, 최대밴드

매수와 매도를 결정하는 기준이다. 즉 나의 V값이 최소밴드와 최대밴드를 벗어나면 매수나 매도가 이뤄진다. 필자의 가이드는 최소밴드 = V × 0.85, 최대밴드 = V × 1.15로 정했지만, 각자의 성향에 따라 변경할 수 있다. 0.85와 1.15는 V값의 -15%와 +15%에 위치하는 것을 의미한다. 밴드의 간격을 좁힐수록(최소밴드와 최대밴드 사이의 차이가 적을수록) 매수매도가 더 자주 발생하며, 밴드를 넓힐수록 매수매도가 덜 발생한다. TQQQ 변동성을 감안하여 최소최대 밴드는 ±10%, ±15%, ±20% 정도에서 선택할 것을 추천한다. VR은 예약매수, 예약매도를 이용하는데 TQQQ 평가금이 최소밴드에 닿기 시작하면 미리 예약했던 매수가 발생하고, 최대밴드에 닿기 시작하면 미리 예약했던 매도가 발생한다.

Pool의 사용한도

한 사이클 내에서 Pool을 사용하는 한도를 정할 수 있다. 예를 들어 Pool에 1,000달러가 있고 한 사이클에서 사용한도를 50%로 정했다면, 이번 사이클에서 500달러만 매수에 사용한다는 뜻이다. 이 사용한도는 퍼센트가 낮을수록 적게 매수하게 되므로 안정적이고, 퍼센트가 높을수록 많이 매수하게 되므로 공격적이다. 따라서 각자 성향에 따라 더 공격적으로, 또는 더 안정적으로 정할 수 있다. 필자의 가이드는 적립식VR은 Pool의 75%, 거치식VR은 Pool의 50%, 인출식VR은 Pool의 25%를 한 사이클의 사용한도로 정한 상태이다. 만약 한 사이클에서 사용한도까지 모두 사용된 경우는 다음 사이클까지 추가매수 없이 기다려야 하며, 다음 사이클에서도 또다시 남은 Pool의 사용한도까지 사용해야 한다. 자세한 예시는 이번 PART에 걸쳐 기술되어 있다.

한 사이클에서 Pool의 사용한도를 줄일수록 더 안정적으로 운영할 수 있는 성질이 있기 때문에, 각자의 성향에 따라 사용한도를 앞서 예시보다 줄이는 것도 추천한다. 예를 들면 예시에선 적립식VR에서 Pool의 사용한도를 75%로 하였으나 실제 투자에서는 50%로 줄이는 것도 괜찮다. 인출식VR 역시 실제 투자에서 Pool의 사용한도를 25%가 아닌 10%로 줄여서 진행하는 것도 무방하다. 또는 정률법이 아닌 자신만의 다른 방식으로 응용하는 것도 가능하다. 어떤 방식을 택하든 상황에 따라 장단점이 있기 때문에 가장 효율적인 사용한도가 따로 존재하는 것은 아니다. 여러 가지 방식들이 백테스트상 크게 차이가 나지 않았다

안정적인 운영을 위해 필자 또한 평가금이 커질수록 Pool의 사용한도를 낮출 계획이다. 다만 사용한도를 10% 미만의 수치로 정하는 것은 투자효율이 많이 떨어지기 때문에 추천하지 않는다.

상승률

새로운 V값과 직전 V값 사이의 변화를 의미한다. G값에 따라 상승률을 제한할 수 있다. 실제 VR 공식에서 괄호를 풀고 다시 정리하면 다음과 같이 간단해진다. 이렇게 간단해진 수식으로 진행되는 예시를 중후반부에 걸쳐 기술하려 한다.

$$V_2 = V_1 \times 상승률 \pm (적립금 or 인출금)$$

$$V_2 = V_1 \times (1 + \frac{pool / V_1}{G}) \pm (적립금 or 인출금)$$

$$= V_1 + \frac{pool}{G} \pm (적립금 or 인출금)$$

적립금 or 인출금

적립식VR의 경우 매 사이클마다 일정한 적립을, 인출식VR의 경우 매 사이클마다 일정한 인출을 장기적으로 실행하게 된다. 적립은 Pool에 현금을 추가하는 것이고, 인출은 Pool에서 현금을 빼내는 것이다. 그 액수를 수식의 가장 마지막에 반영하면 된다.

사이클

시간적으로 2주를 의미한다. 가이드는 한국시간 기준으로 월요일~

다음 주 금요일까지로 잡지만, 다른 요일도 상관없다. 10거래일로 해도 좋고, 편의상 2주(월요일에서 금요일)로 해도 상관없다. 2주마다 마지막 날의 Pool과 V값을 기준으로 새 V값을 계산하며 적립, 인출까지 반영하여 위 공식에 의해 새 V값을 설정한다. 사이클을 1주나 4주로 응용할 수도 있으나, 필자가 제시하는 가이드는 2주를 기준으로 하고 있다.

예약매매

VR투자방식은 2주마다 2주치씩 예약매수 및 예약매도를 건다. 만약 월요일~다음 주 금요일의 2주 사이클이라면, 사이클이 끝나고 토요일 오전~월요일 저녁 사이에 2주치 예약매매를 걸게 된다. 증권사마다 예약매매를 할 수 있는 시간대가 다르므로 반드시 확인을 해야 한다. 예컨대 키움증권의 경우 오전 7시부터 밤 10시 20분까지 예약매매를 걸 수 있다. 또 2주가 지나고 나면 그다음 사이클인 2주치에 대한 예약매매를 걸게 된다. 예약 매수매도를 걸고 난 후 사이클이 지날 때까지는 추가적인 매수매도는 할 필요가 없다.

위 요소들이 이렇게 만들어진 유래나 의미는 추후 PART6에서 다룰 것이며, 여기서는 먼저 VR의 방법론 및 실제 진행되는 모습부터 보여드리겠다.

02 VR 준비단계, TQQQ 모으기

VR을 본격적으로 시작하려고 할 때 아마도 'TQQQ를 어떻게 매수해서 모아야 하는지'가 고민될 것이다. 보통 필자는 2주에서 2달 사이 정도의 기간 동안 분할매수를 통해 모으는 것을 추천하는 편이다. 어차피 개미투자자가 저점에 맞춰서 매수하는 것이 불가능하고, 더더군다나 VR 장투법은 장기적으로 결과가 비슷하게 수렴해가는 특징이 있기 때문에, 마켓 타이밍을 재려고 노력할 필요가 없다. 장기적으로 수렴하는 VR 장투의 특징은 PART5에서 자세하게 기술하였다.

다음의 표는 하루에 올인매수하는 것이 수개월의 분할매수보다 더 수익률이 높을 확률을 조사한 것이다. 뱅가드사의 과거 통계에 따르면, 분할매수를 너무 오래할수록 오히려 장기수익률이 낮아진다고 한다. 따

2개월 분할매수 〈 거치식 매수	65.9%
6개월 분할매수 〈 거치식 매수	74.4%
12개월 분할매수 〈 거치식 매수	80%
24개월 분할매수 〈 거치식 매수	86.5%
36개월 분할매수 〈 거치식 매수	89.1%
60개월 분할매수 〈 거치식 매수	94.9%

분할매수보다 거치식 매수가 더 수익이 높을 확률 (1960~2018년) (출처: 뱅가드)

라서 이미 자금이 있는 경우 무리해서 길게 분할매수를 할 필요는 없다.

먼저 적립식VR, 거치식VR, 인출식VR 중 어떤 것을 시작할지 결정한 다음, 초기에 모을 TQQQ의 액수를 대략적으로 정한다. 분할매수로 모을 것이기 때문에, 시작할 액수를 미리 정확히 결정하는 것은 불가능하며 시작값을 아주 정확하게 정하려고 노력하지 않아도 된다. 그렇다면 초기에 Pool에 현금은 얼마나 남겨놓아야 할까.

적립식VR Pool 0%~10%

거치식VR Pool 10~20%

인출식VR Pool 20~30%

위 수준을 추천드리고 있다. 이 책에서 소개하는 예시에선 적립식 VR은 현금 0%, 거치식VR은 현금 10%, 인출식VR은 현금 20%로 두고 시작했다. Pool을 더 많이 두고 시작할수록 안정적이므로, 각자의 성향에 따라 Pool을 조금 더 두고 시작하는 것도 괜찮다.

이제부터 순차적으로 가상의 인물인 김개미 씨를 통해 적립식VR, 거치식VR, 인출식VR 투자 예시를 보여드릴 예정이다. 최대한 상세하게 소개하였으나, 필자의 예시가 맞는지 직접 계산기나 엑셀을 사용해 검산해보는 것을 추천드린다. 또한 실제로 직접 VR을 진행할 때에도 소개되는 예시처럼 사이클당 V값, Pool 등을 엑셀을 활용하여 정리해나가길 추천드린다. 모든 계산은 소수점 셋째 자리에서 반올림하여 소수점 둘째 자리로 표현하기로 한다. 마지막으로 증권사마다 수수료가 다르고 수수료가 미치는 영향은 미미하기 때문에, 수수료는 계산에서 제외하였다. 주식종목은 TQQQ이며, 모든 액수 기준은 달러($)이다.

03 적립식VR 투자법

먼저 소개할 적립식VR 예시는 필자가 2021년 4월부터 유튜브 채널 '라오어 무한매수법&밸류리밸런싱'을 통해서 2주마다 실제로 투자하는 과정을 중계하고 있는, '월 50만 원 TQQQ로 10억 원 만들기 프로젝트'의 내용이기도 하다. 적립식VR을 시작할 때 보유해야 하는 Pool은 0%로 정했다. 즉 시작시점에 모든 자금을 TQQQ를 매수하고 시작한다는 의미이다. 한 사이클마다 Pool의 사용한도는 75%로 결정하였다. 그리고 G =10으로 고정하였다.

소개할 상황은 다음과 같다. 김개미 씨는 초기 자금을 5,000달러로 결정했고, 매 사이클마다 250달러씩을 Pool에 적립하기로 하였다. 적립식 VR을 시작하기 위해 우선 2주~한 달에 걸쳐, 5,000달러를 거의 다 사용하도록 TQQQ를 매수하였다. 현실적으로 정확히 5,000달러를 맞춰 매수할 수 없지만 상관없다. 김개미 씨는 2주 동안 TQQQ 110개를 모았다.

김개미 씨는 2021년 1월 4일부터 적립식VR을 시작하기로 하였다. 첫 V값은 사이클을 시작하기 직전 날의 TQQQ 평가금으로 결정한다. 예를 들어 첫 사이클을 월요일부터 시작하기로 하였다면, V값을 정하는 기준은 직전 날인 금요일 장이 마감한 후를 기준으로 한다.

$$V_2 = V_1 + \frac{pool}{G} + 적립금$$

우선 첫 번째 V값인 V_1부터 구해보자. 적립식VR 시작 전인 2020년 12월 31일의 TQQQ 종가는 45.45달러이다. 따라서 첫 사이클의 V값은 $V_1 = 110 \times 45.45 = 4999.5$(달러)로 정한다. V값은 내가 실제로 TQQQ를 매수해온 평단과는 상관이 없다. 즉, 김개미 씨 평단이 45.45달러보다 높든 낮든 상관없이 V_1은 현재 주가에 맞춰 4,999.5이다. Pool은 예시에서는 5,000달러로 TQQQ를 분할매수하고 남은 0.5달러로 시작했다고 가정하겠지만, 독자분들이 각자 실행하실 때에는 0으로 시작해도 괜찮고, 또는 Pool에 현금을 약간 두고 시작해도 상관없다. 최소밴드, 최대밴드는 각각 V값에서 −15%와 +15%에 해당하는 값이며 최소밴드, 최대밴드와 1 사이클 시작 시 정리표는 같다.

최소밴드 = $4,999.5 \times 0.85 \approx 4,249.58$

최대밴드 = $4{,}999.5 \times 1.15 \approx 5{,}749.43$

	시작 평가금	마지막 평가금	V	최소밴드	최대밴드	시작 Pool	마지막 Pool
1사이클 (1.4~1.15)	4,999.50	–	4,999.50	4,249.58	5,749.43	0.50	–

　최소밴드와 최대밴드에 맞게 '지정가 매수가격'과 '지정가 매도가격'을 구한다. 다만 여기서 소개한 적립식VR 예시의 경우 첫 사이클 시작 시 Pool은 0.5달러이기 때문에, 실제로는 아무리 하락해도 첫 사이클에 매수는 이루어지지 않는다. 하지만 먼저 수식을 보여드리기 위해 매수표, 매도표 둘 다 표현하였다. 이 모든 수식은 엑셀로 간단히 만들 수 있다. 먼저 매수표는 아래와 같다.

최소밴드	보유개수	매수점	Pool
4,249.58	110	–	0.50
	111	= 4,249.58/110 ≈ 38.63	0.50
	112	= 4,249.58/111 ≈ 38.28	0.50
	113	= 4,249.58/112 ≈ 37.94	0.50
	~	~	~

　여기서 첫 번째 매수점이 38.63달러인 이유는, TQQQ 가격이 38.63달러보다 아래로 갈 경우에 TQQQ 평가금이 최소밴드인 4,249.58달러 미만으로 떨어지기 때문이다. 따라서 이 지점에서 1개를 매수해서 평가금이 최소밴드보다 내려가지 않도록 하는 수치가 바로 38.63달러이다. 이

가격은 최소밴드에서 직전 보유수량인 110개를 나눠서 구한 값이다. 만약 TQQQ 주가가 38.63달러 아래로 가서 1개가 매수되었다고 가정하면, TQQQ 총 보유수량은 111개가 된다. 따라서 그다음 매수점은 최소밴드를 111개로 나눈 38.28달러가 된다. 이렇게 계산된 매수점에 TQQQ 1개씩 '지정가 매수'로 예약매매 2주치를 걸면 된다. 매도표는 다음과 같다.

최소밴드	보유개수	매도점	Pool
	110	–	0.50
	109	= 5,749.43/110 ≈ 52.27	0.50 + 52.27 = 52.77
	108	= 5,749.43/109 ≈ 52.75	52.77 + 52.75 = 105.52
5749.43	107	= 5,749.43/108 ≈ 53.24	105.52 + 53.24 = 158.76
	106	= 5,749.43/107 ≈ 53.73	158.76 + 53.73 = 212.49
	~	~	~

* 매도는 제한 없음

여기서 첫 번째 매도점이 52.27달러인 이유는, TQQQ 가격이 52.27달러보다 위로 갈 경우에 TQQQ 평가금이 최대밴드인 5,749.43달러를 초과하기 때문이다. 따라서 이 지점에서 1개를 매도해서 평가금이 최대밴드보다 올라가지 않도록 하는 수치가 52.27달러이다. 이 가격은 최대밴드에서 직전 보유수량인 110개를 나눠서 구한 값이다. 만약 TQQQ 주가가 52.27달러 위로 올라 1개가 매도되었다고 가정하면 TQQQ 총 보유수량은 109개가 된다. 따라서 그다음 매도점은 최대밴드에서 109개를 나눈 52.75달러가 된다.

가장 오른쪽에 Pool은 실제 매도가 이루어졌을 때 Pool이 어떻게 변하는지를 미리 예상한 수치이다. 즉, 매도한 만큼 Pool에 보관하는 달러가 늘어나게 된다. 이렇게 계산된 매도점에 TQQQ 1개씩 '지정가 매도'로 예약매매 2주치를 걸면 된다. 그리고 2주가 지났다.

실제 김개미 씨의 첫 사이클이었던 1월 4일~1월 15일의 2주 동안 TQQQ의 저점은 41.71달러, 고점은 47.72달러였기 때문에, 매수점과 매도점에 둘 다 닿지 않았다. 그리고 2021년 1월 15일 TQQQ의 종가는 44.34달러이기 때문에, 마지막 날 평가금은 44.34달러 × 110개 = 4,877.40달러이다. 1사이클 정리표를 살펴보고 이어서 2사이클의 V_2를 계산해보자.

	시작 평가금	마지막 평가금	V	최소밴드	최대밴드	시작 Pool	마지막 Pool
1사이클 (1.4~1.15)	4,999.50	4,877.40	4,999.50	4,249.58	5,749.43	0.50	0.50

$$V_2 = V_1 + \frac{pool}{10} + 적립금$$

적립식 VR에서 G값은 10으로 가이드한다. 이전 사이클에서 V_1 = 4,999.5, Pool = 0.5, 적립금 = 250이므로 V_2값은 다음과 같다.

$$V_2 = 4,999.5 + 0.5/10 + 250 = 5,249.55$$

보다시피 실제 계산은 굉장히 간단하다. 250달러를 사이클마다 적립하기로 했기 때문에 수식 마지막에 '+250'을 적용했다. 이렇게 정해진 새로운 V값을 기준으로 최대밴드, 최소밴드도 새로 계산한다.

최소밴드 $= V_2 \times 0.85 = 5{,}249.55 \times 0.85 \approx 4{,}462.12$

최대밴드 $= V_2 \times 1.15 = 5{,}249.55 \times 1.15 \approx 6{,}036.98$

그리고 Pool에 250달러를 추가한다. 이로서 2사이클 시작 시 정리표는 다음과 같다.

	시작 평가금	마지막 평가금	V	최소밴드	최대밴드	시작 Pool	마지막 Pool
1사이클 (1.4~1.15)	4,999.50	4,877.40	4,999.50	4,249.58	5,749.43	0.50	0.50
2사이클 (1.19~1.29)	4,877.40	–	5,249.55	4,462.12	6,036.98	250.50	–

이 최소밴드, 최대밴드를 기준으로 매수점과 매도점을 구한다. 이렇게 계산된 매수점, 매도점에 TQQQ 1개씩 '지정가 매수', '지정가 매도'로 '예약매매' 2주치를 걸면 된다. 그리고 다시 2주를 보낸다.

실제로 2사이클인 1월 19일~1월 29일(18일은 휴장) 동안 TQQQ의 저점은 44.38달러, 고점은 52.53달러였기 때문에 매수매도가 일어나지는 않는다. 그리고 사이클의 마지막 날인 1월 29일의 종가는 45.24달러이기 때문에, 마지막 날 TQQQ 평가금은 45.24 × 110 = 4,976.40달러이다. 매수점, 매도점과 2사이클이 끝난 후 정리표는 다음과 같다.

최소밴드	보유개수	매수점	Pool
4462.12	110	–	250.50
	111	= 4,462.12/110 ≈ 40.56	250.50 – 40.56 = 209.94
	112	= 4,462.12/111 ≈ 40.20	209.94 – 40.20 = 169.74
	113	= 4,462.12/112 ≈ 39.84	169.74 – 39.84 = 129.90
	114	= 4,462.12/113 ≈ 39.49	129.90 – 39.49 = 90.41
	115	= 4,462.12/114 ≈ 39.14	90.41 – 39.14 = 51.27

* 적립식VR은 사이클당 Pool의 75% 근처까지 사용하므로, 추가 5개까지만 매수시도

최대밴드	보유개수	매도점	Pool
6036.98	110	–	250.50
	109	= 6,036.98/110 ≈ 54.88	250.50 + 54.88 = 305.38
	108	= 6,036.98/109 ≈ 55.39	305.38 + 55.39 = 360.77
	107	= 6,036.98/108 ≈ 55.90	360.77 + 55.90 = 416.67
	106	= 6,036.98/107 ≈ 56.42	416.67 + 56.42 = 473.09
	~	~	~

* 매도는 제한 없음

	시작 평가금	마지막 평가금	V	최소밴드	최대밴드	시작 Pool	마지막 Pool
1사이클 (1.4~1.15)	4,999.50	4,877.40	4,999.50	4,249.58	5,749.43	0.50	0.50
2사이클 (1.19~1.29)	4,877.40	4,976.40	5,249.55	4,462.12	6,036.98	250.50	250.50

이제부터 3사이클의 V를 계산해보자. 전 사이클에서 V_2 = 5249.55달러, Pool = 250.5달러, 적립금 = 250달러이다. V_3값을 계산하고 이렇게 정해진 새로운 V를 기준으로 최대밴드, 최소밴드도 새로 계산한다. 그리고

Pool에 250달러를 추가한다.

$$V_3 = 5,249.55 + 250.5/10 + 250 = 5,524.6$$
$$최소밴드 = V_3 × 0.85 = 5,524.6 × 0.85 = 4,695.91$$
$$최대밴드 = V_3 × 1.15 = 5,524.6 × 1.15 = 6,353.29$$

이로서 3사이클 시작 시 정리표는 다음과 같다.

	시작 평가금	마지막 평가금	V	최소밴드	최대밴드	시작 Pool	마지막 Pool
1사이클 (1.4~1.15)	4,999.50	4,877.40	4,999.50	4,249.58	5,749.43	0.50	0.50
2사이클 (1.19~1.29)	4,877.40	4,976.40	5,249.55	4,462.12	6,036.98	250.50	250.50
3사이클 (2.1~2.12)	4,976.40	–	5,524.60	4,695.91	6,353.29	500.50	–

이 최소밴드, 최대밴드를 기준으로 매수점과 매도점을 구한다. 그리고 2주치 예약매수 예약매도를 걸고 새로운 사이클을 보내면 된다.

실제 차트에서는 3사이클인 2월 1일~2월 12일 동안에도 매수매도 모두 일어나지 않았다. 이제부터는 실제 차트가 아닌 가상의 차트를 가정하여, 매수나 매도가 이루어졌을 경우 어떻게 계산해나가면 되는지 알아보도록 하겠다. 각각의 상황은 예약매수가 일부만 진행됐을 때, 예약매수가 모두 진행됐을 때, 예약매도가 진행됐을 때를 가정한다.

최소밴드	보유개수	매수점	Pool	최대밴드	보유개수	매도점	Pool
	110	–	500.50		110	–	500.50
	111	42.69	457.81		109	57.76	558.26
	112	42.31	415.50		108	58.29	616.55
	113	41.93	373.57		107	58.83	675.38
4695.91	114	41.56	332.01	6353.29	106	59.38	734.76
	115	41.19	290.82		105	59.94	794.70
	116	40.83	249.99		104	60.51	855.21
	117	40.48	209.51		103	61.09	916.30
	118	40.14	169.37		102	61.68	977.98
	119	39.80	129.57		~	~	~

* Pool의 75% 근처인 추가 9개까지만 매수시도, 매도는 제한 없음

예시1 • 3사이클 동안 TQQQ 저점이 42달러였다가 사이클 마지막 날 종가가 45달러로 마감(일부 매수)

위쪽에 나와 있는 3사이클의 매수점을 살펴보자. TQQQ 저점이 42달러였다면, 매수표에서 두 번째 매수점까지 매수가 이루어질 것이다. 즉, TQQQ 2개가 매수되어 총 112개를 보유하게 된다. 남은 Pool은 '500.5 - 42.69 - 42.31 = 415.5달러'이다. Pool칸에서 415.5라고 적힌 숫자를 확인해보자. 그리고 사이클 마지막 날 종가가 45달러였고, 때문에 마지막 날 평가금은 112 × 45 = 5,040달러이다. '예시1'을 가정했을 때 3사이클 정리표는 다음과 같다.

	시작 평가금	마지막 평가금	V	최소밴드	최대밴드	시작 Pool	마지막 Pool
1사이클 (1.4~1.15)	4,999.50	4,877.40	4,999.50	4,249.58	5,749.43	0.50	0.50
2사이클 (1.19~1.29)	4,877.40	4,976.40	5,249.55	4,462.12	6,036.98	250.50	250.50
3사이클 (2.1~2.12)	4,976.40	5,040	5,524.6	4,695.91	6,353.29	500.50	415.50

전 사이클 마지막에서 V_3 = 5524.6달러, Pool = 415.5달러, 적립금 = 250달러이다. V_4값을 계산하고 새로운 V값을 기준으로 최대밴드, 최소밴드도 새로 계산하고 Pool에 250달러를 추가한다.

$$V_4 = 5524.6 + 415.5/10 + 250 = 5816.15$$
$$최소밴드 = V_4 \times 0.85 = 5816.15 \times 0.85 \approx 4943.73$$
$$최대밴드 = V_4 \times 1.15 = 5816.15 \times 1.15 \approx 6688.57$$

이로서 4사이클 시작 시 정리표는 다음과 같다.

	시작 평가금	마지막 평가금	V	최소밴드	최대밴드	시작 Pool	마지막 Pool
1사이클 (1.4~1.15)	4,999.50	4,877.40	4,999.50	4,249.58	5,749.43	0.50	0.50
2사이클 (1.19~1.29)	4,877.40	4,976.40	5,249.55	4,462.12	6,036.98	250.50	250.50
3사이클 (2.1~2.12)	4,976.40	5,040	5,524.60	4,695.91	6,353.29	500.50	415.50
4사이클 (2.16~3.1)	5,040	–	5,816.15	4,943.73	6,688.57	665.50	–

이 최소밴드, 최대밴드를 기준으로 매수점과 매도점을 구한다. 그리고 2주치 예약매수 예약매도를 걸고 새 사이클을 보내면 된다.

최소밴드	보유개수	매수점	Pool	최대밴드	보유개수	매도점	Pool
	112	–	665.5		112	–	665.50
	113	44.14	621.36		111	59.72	725.22
	114	43.75	577.61		110	60.26	785.48
	115	43.37	534.24		109	60.80	846.29
	116	42.99	491.25		108	61.36	907.65
	117	42.62	448.63		107	61.93	969.58
4,943.73	118	42.25	406.38	6688.57	106	62.51	1,032.09
	119	41.90	364.48		105	63.10	1,095.19
	120	41.54	322.94		104	63.70	1,158.89
	121	41.20	281.74		103	64.31	1,223.20
	122	40.86	240.88		102	64.94	1,288.14
	123	40.52	200.36		101	65.57	1,353.71
	124	40.19	160.17		~	~	~

* Pool의 75% 근처인 추가 12개까지만 매수시도, 매도는 제한 없음

예시2 • 3사이클 동안 TQQQ 저점이 38달러였다가 사이클 마지막 날 종가가 39달러로 마감(모두 매수)

127쪽의 3사이클의 매수점을 살펴보자. TQQQ 저점이 38달러라면, 미리 예약매수를 걸었던 39.8달러보다 TQQQ 저점이 더 아래로 내려갔

음에도 추가매수가 되지는 않는다. 이 경우 추가로 더 매수를 시도하지 않고 사이클의 나머지 시간을 보내면 된다. 계획했던 매수가 모두 이루어졌으므로 보유하고 있는 TQQQ의 총 개수는 119개가 된다. 사이클 마지막 날 종가가 39달러이기 때문에, 마지막 날 평가금은 119 × 39 = 4,641달러이다. 남은 Pool은 매수표에서 119개 보유 시 남게 되는 129.57달러가 된다. 3사이클 정리표는 다음과 같다.

	시작 평가금	마지막 평가금	V	최소밴드	최대밴드	시작 Pool	마지막 Pool
1사이클 (1.4~1.15)	4,999.50	4,877.40	4,999.50	4,249.58	5,749.43	0.50	0.50
2사이클 (1.19~1.29)	4,877.40	4,976.40	5,249.55	4,462.12	6,036.98	250.5	250.5
3사이클 (2.1~2.12)	4,976.40	4,641	5,524.60	4,695.91	6,353.29	500.5	129.57

이제부터 4사이클의 V값을 계산해보자. 전 사이클 마지막에서 V_3 = 5524.6달러, Pool = 129.57달러, 적립금 = 250달러이다. V_4값을 계산하고 이렇게 정해진 새로운 V값을 기준으로 최대밴드, 최소밴드도 새로 계산한다. 그리고 Pool에 250달러를 추가한다.

$V_4 = 5,524.6 + 129.57/10 + 250 \approx 5,787.56$

최소밴드 $= V_4 × 0.85 = 5,787.56 × 0.85 \approx 4,919.43$

최대밴드 $= V_4 × 1.15 = 5,787.56 × 1.15 \approx 6,655.69$

이로서 4사이클 시작 시 정리표는 다음과 같다.

	시작 평가금	마지막 평가금	V	최소밴드	최대밴드	시작 Pool	마지막 Pool
1사이클 (1.4~1.15)	4,999.50	4,877.40	4,999.50	4,249.58	5,749.43	0.50	0.50
2사이클 (1.19~1.29)	4,877.40	4,976.40	5,249.55	4,462.12	6,036.98	250.50	250.50
3사이클 (2.1~2.12)	4,976.40	4,641	5,524.60	4,695.91	6,353.29	500.50	129.57
4사이클 (2.16~3.1)	4,641	-	5,787.56	4,919.43	6,655.69	379.57	-

이 최소밴드, 최대밴드를 기준으로 매수점과 매도점을 구한다. 이렇게 2주치 예약매수 예약매도를 걸고 새 사이클을 보내면 된다.

최소밴드	보유개수	매수점	Pool	최대밴드	보유개수	매도점	Pool
	119	-	379.57		119	-	379.57
	120	41.34	338.23		118	55.93	435.50
	121	41	297.23		117	56.40	491.90
	122	40.66	256.57		116	56.89	548.79
	123	40.32	216.25		115	57.38	606.17
	124	40	176.25		114	57.88	664.05
4919.43	125	39.67	136.58	6655.69	113	58.38	722.43
	126	39.36	97.22		112	58.90	781.33
					111	59.43	840.76
		-			110	59.96	900.72
					109	60.51	961.23
					~	~	~

* Pool의 75% 근처인 추가 7개까지만 매수시도, 매도는 제한 없음

예시3 • 3사이클 동안 TQQQ 고점이 60달러였다가 사이클 마지막 날 종가가 54달러로 마감(일부 매도)

127쪽의 3사이클의 매도점을 가져와 보자. TQQQ 고점이 60달러였다면, 매도표에서 다섯 번째 매도점까지 매도가 이루어질 것이다. 즉, TQQQ 5개가 매도되어 총 105개를 보유하게 된다. 남은 Pool은 TQQQ 105개 옆의 Pool칸에 적혀 있는 대로 794.7달러가 된다. 사이클 마지막 날 종가가 54달러였기 때문에, 마지막 날 평가금은 $105 \times 54 = 5{,}670$달러이다. 3사이클 정리표는 다음과 같다.

	시작 평가금	마지막 평가금	V	최소밴드	최대밴드	시작 Pool	마지막 Pool
1사이클 (1.4~1.15)	4,999.50	4,877.40	4,999.50	4,249.58	5,749.43	0.50	0.50
2사이클 (1.19~1.29)	4,877.40	4,976.40	5,249.55	4,462.12	6,036.98	250.50	250.50
3사이클 (2.1~2.12)	4,976.40	5,670	5,524.60	4,695.91	6,353.29	500.50	794.70

이제부터 4사이클의 V값을 계산해보자. 전 사이클 마지막에서 $V_3 =$ 5524.6달러, Pool = 794.7달러, 적립금 = 250달러이다. V_4값을 계산하고 이렇게 정해진 새로운 V를 기준으로 최대밴드, 최소밴드도 새로 계산한다. 그리고 Pool에 250달러를 추가한다.

$V_4 = 5{,}524.6 + 794.7/10 + 250 = 5{,}854.07$

최소밴드 $= V_4 \times 0.85 = 5{,}854.07 \times 0.85 \approx 4{,}975.96$

최대밴드 = $V_4 \times 1.15 = 5,854.07 \times 1.15 \approx 6,732.18$

이로서 4사이클 시작 시 정리표는 다음과 같다. 이 최소밴드, 최대밴드를 기준으로 매수점과 매도점을 구한다. 이렇게 2주치 예약매수 예약매도를 걸고 새 사이클을 보내면 된다.

	시작 평가금	마지막 평가금	V	최소밴드	최대밴드	시작 Pool	마지막 Pool
1사이클 (1.4~1.15)	4,999.50	4,877.40	4,999.50	4,249.58	5,749.43	0.50	0.50
2사이클 (1.19~1.29)	4,877.40	4,976.40	5,249.55	4,462.12	6,036.98	250.50	250.50
3사이클 (2.1~2.12)	4,976.40	5,670	5,524.60	4,695.91	6,353.29	500.50	794.70
4사이클 (2.16~3.1)	5,670	–	5,854.07	4,975.96	6,732.18	1,044.70	

최소밴드	보유개수	매수점	Pool
	105	–	1,044.70
	106	47.39	997.31
	107	46.94	950.37
	108	46.50	903.87
	109	46.07	857.80
4975.96	110	45.65	812.15
	111	45.24	766.91
	112	44.83	722.08
	113	44.43	677.65
	114	44.04	633.61

최소밴드	보유개수	매수점	Pool
	115	43.65	589.96
	116	43.27	546.69
	117	42.90	503.79
	118	42.53	461.26
4975.96	119	42.17	419.09
	120	41.81	377.28
	121	41.47	335.81
	122	41.12	294.69
	123	40.79	253.90

* Pool의 75% 근처인 추가 18개까지만 매수시도

최대밴드	보유개수	매도점	Pool
	105	–	1,044.70
	104	64.12	1,108.82
	103	64.73	1,173.55
	102	65.36	1,238.91
	101	66.00	1,304.91
	100	66.66	1,371.57
6732.18	99	67.32	1,438.89
	98	68.00	1,506.89
	97	68.70	1,575.59
	96	69.40	1,644.99
	95	70.13	1,715.12
	~	~	~

* 매도는 제한 없음

04 거치식VR 투자법

이제부터 시작할 거치식VR의 예시는 앞서 설명드렸던 적립식VR과 원리가 똑같다. 다만 적립금이 없기 때문에, 수식에서 '적립금'을 더하는 부분이 없어져서 더 간단하다고 볼 수 있다. 시작 시 보유해야 하는 Pool 의 비율도 처음 시작할 때 전체 투자금의 10~20%가 무난하다. 아래부터 적을 예시는 10%를 기준으로 하였다. 한 사이클마다 Pool의 사용한도는 50%로 결정하였다. 그리고 G = 10 으로 고정한다.

$$V_2 = V_1 + \frac{pool}{G}$$

상황 예시는 다음과 같다. 김개미 씨는 약 2만 달러 정도로 거치식

VR을 시작해보기로 했다. 한 달 동안 50달러 후반~60달러 초반대의 가격으로 TQQQ 300개를 모았고, 10%인 2,000달러를 현금으로 남겨서 Pool에 2,000달러를 배정하였다.

첫 V값은 사이클을 시작하기 직전 날의 TQQQ 평가금으로 결정한다. 예를 들어 첫 사이클을 월요일부터 시작하기로 하였다면, V값을 정하는 기준은 직전 날인 금요일 장이 마감한 후를 기준으로 한다. 김개미 씨가 거치식VR을 시작하기 직전의 금요일 TQQQ 종가를 확인해보니 61달러였다. 따라서 월요일에 시작할 V값은 $V_1 = 300 \times 61 = 18,300$달러로 결정하였다. 이를 토대로 최소밴드, 최대밴드를 구하면 다음과 같다.

최소밴드 $= V_1 \times 0.85 = 18,300 \times 0.85 = 15,555$

최대밴드 $= V_1 \times 1.15 = 18,300 \times 1.15 = 21,045$

	시작 평가금	마지막 평가금	V	최소밴드	최대밴드	시작 Pool	마지막 Pool
1사이클	18,300	–	18,300	15,555	21,045	2,000	–

이 최소밴드, 최대밴드를 기준으로 매수점과 매도점을 구한다. 그리고 2주치 예약매수, 예약매도를 걸고 첫 사이클을 보내면 된다.

적립식VR의 경우 큰 금액으로 시작하는 경우가 많기 때문에, 1개씩 매수를 걸기 힘들면 2칸마다 2개씩 또는 3칸마다 3개씩 등으로 여러 칸마다 여러 개씩 걸어도 무방하다. 만약 금액이 수억이 넘어가면 20~30

최소밴드	보유개수	매수점	Pool	최대밴드	보유개수	매도점	Pool
	300	–	2,000		300	–	2,000
	301	51.85	1,948.15		299	70.15	2,070.15
	302	51.68	1,896.47		298	70.38	2,140.53
	303	51.51	1,844.96		297	70.62	2,211.15
	304	51.34	1,793.62		296	70.86	2,282.01
	305	51.17	1,742.45		295	71.10	2,353.11
	306	51	1,691.45		294	71.34	2,424.45
	307	50.83	1,640.62		293	71.58	2,496.03
	308	50.67	1,589.95		292	71.83	2,567.86
	309	50.50	1,539.45		291	72.07	2,639.93
15,555	310	50.34	1,489.11	21,045	290	72.32	2,712.25
	311	50.18	1,438.93		289	72.57	2,784.82
	312	50.02	1,388.91		288	72.82	2,857.64
	313	49.86	1,339.05		287	73.07	2,930.71
	314	49.70	1,289.35		286	73.33	3,004.04
	315	49.54	1,239.81		285	73.58	3,077.62
	316	49.38	1,190.43		284	73.84	3,151.46
	317	49.22	1,141.21		283	74.10	3,225.56
	318	49.07	1,092.14		282	74.36	3,299.92
	319	48.92	1043.22		281	74.63	3,374.55
	320	48.76	994.46		~	~	~

* Pool의 50% 근처인 추가 20개까지만 매수시도, 매도는 제한 없음

	시작 평가금	마지막 평가금	V	최소밴드	최대밴드	시작 Pool	마지막 Pool
1사이클	18,300	18,900	18,300	15,555	21,045	2,000	2,000

개씩 걸어야 할 상황이 생긴다.

　2주 동안 매수매도가 이루어지지 않았고, 마지막 금요일의 TQQQ 종가는 63달러였다. 평가금은 300 × 63 = 18,900달러이고, 매매가 없었으므로 Pool에는 변화가 없다. 매수표, 매도표와 1사이클 종료시 정리표는 앞 페이지의 표와 같다. 이제부터 2사이클의 V를 계산해보자.

$$V_2 = V_1 + \frac{pool}{10}$$

　전 사이클 마지막에서 V_1 = 18,300, Pool = 2,000이었으므로 V_2 = 18,300 + 2000/10 = 18,500이다. 이렇게 정해진 새로운 V값을 기준으로 최대밴드, 최소밴드도 새로 계산한다.

최소밴드 = V_2 × 0.85 = 18,500 × 0.85 = 15,725
최대밴드 = V_2 × 1.15 = 18,500 × 1.15 = 21,275

　그리고 이 최소밴드, 최대밴드를 기준으로 매수점과 매도점을 구한다. 이렇게 2주치 예약매수 예약매도를 걸고 새 사이클을 보내면 된다. 2사이클 시작 시 정리표와 매도점 및 매수점은 다음 페이지에서 확인할 수 있다. 이어서 예시를 통해 사이클 도중 매수나 매도가 일어났을 때 계산법을 알아보겠다.

	시작 평가금	마지막 평가금	V	최소밴드	최대밴드	시작 Pool	마지막 Pool
1사이클	18,300	18,900	18,300	15,555	21,045	2,000	2,000
2사이클	18,900	–	18,500	15,725	21,275	2,000	–

최소밴드	보유개수	매수점	Pool	최대밴드	보유개수	매도점	Pool
	300	–	2000		300	–	2,000
	301	52.42	1,947.58		299	70.92	2,070.92
	302	52.24	1,895.34		298	71.15	2,142.07
	303	52.07	1,843.27		297	71.39	2,213.46
	304	51.90	1,791.37		296	71.63	2,285.09
	305	51.73	1,739.64		295	71.88	2,356.97
	306	51.56	1,688.08		294	72.12	2,429.09
	307	51.39	1,636.69		293	72.36	2,501.45
	308	51.22	1,585.47		292	72.61	2,574.06
	309	51.06	1,534.41		291	72.86	2,646.92
15,725	310	50.89	1,483.52	21,275	290	73.11	2,720.03
	311	50.73	1,432.79		289	73.36	2,793.39
	312	50.56	1,382.23		288	73.62	2,867.01
	313	50.40	1,331.83		287	73.87	2,940.88
	314	50.24	1,281.59		286	74.13	3,015.01
	315	50.08	1,231.51		285	74.39	3,089.40
	316	49.92	1,181.59		284	74.65	3,164.05
	317	49.76	1,131.83		283	74.91	3,238.96
	318	49.61	1,082.22		282	75.18	3,314.14
	319	49.45	1,032.77		281	75.44	3,389.58
	320	49.29	983.48		~	~	~

* Pool의 50% 근처인 추가 20개까지만 매수시도, 매도는 제한 없음

예시1 • 2사이클 동안 TQQQ 저점이 50달러였다가
사이클 마지막 날 종가가 52달러로 마감(일부 매수)

2사이클의 매수점이 정리된 139쪽의 표를 살펴보자. TQQQ 저점이 50달러였다면, 매수표에서 열다섯 번째 매수점까지 매수가 이루어질 것이다. 즉, TQQQ는 15개가 매수되어 총 315개를 보유하게 된다. 남은 Pool은 오른쪽에 표시된 것처럼 1,231.51달러가 된다. 사이클 마지막 날 종가가 52달러이기 때문에, 마지막 날 평가금은 315 × 52 = 16,380달러이다. 2사이클 정리표는 다음과 같다.

	시작 평가금	마지막 평가금	V	최소밴드	최대밴드	시작 Pool	마지막 Pool
1사이클	18,300	18,900	18,300	15,555	21,045	2,000	2,000
2사이클	18,900	16,380	18,500	15,725	21,275	2,000	1,231.51

이제부터 3사이클의 V값을 계산해보자. 전 사이클 마지막에서 $V_2 = 18,500$, Pool = 1,231.51이므로 $V_3 = 18,500 + 1231.51/10 \approx 18,623.15$달러이다. 이렇게 정해진 새로운 V값을 기준으로 최대밴드, 최소밴드도 새로 계산한다.

최소밴드 $= V_3 \times 0.85 = 18,623.15 \times 0.85 \approx 15,829.68$

최대밴드 $= V_3 \times 1.15 = 18,623.15 \times 1.15 \approx 21,416.62$

이로서 3사이클 시작 시 정리표는 다음과 같다.

	시작 평가금	마지막 평가금	V	최소밴드	최대밴드	시작 Pool	마지막 Pool
1사이클	18,300	18,900	18,300	15,555	21,045	2,000	2,000
2사이클	18,900	16,380	18,500	15,725	21,275	2,000	1,231.51
3사이클	16,380	–	18,623.15	15,829.68	21,416.62	1,231.51	–

이 최소밴드, 최대밴드를 기준으로 매수점과 매도점을 구한다. 이렇게 2주치 예약매수, 예약매도를 걸고 새 사이클을 보내면 된다.

최소밴드	보유개수	매수점	Pool	최대밴드	보유개수	매도점	Pool
	315	–	1,231.51		315		1,231.51
	316	50.25	1,181.26		314	67.99	1,299.50
	317	50.09	1,131.17		313	68.21	1,367.71
	318	49.94	1,081.23		312	68.42	1,436.13
	319	49.78	1,031.45		311	68.64	1,504.77
	320	49.62	981.83		310	68.86	1,573.63
15,829.68	321	49.47	932.36	21,416.62	309	69.09	1,642.72
	322	49.31	883.05		308	69.31	1,712.03
	323	49.16	833.89		307	69.53	1,781.56
	324	49.01	784.88		306	69.76	1,851.32
	325	48.86	736.02		305	69.99	1,921.31
	326	48.71	687.31		304	70.22	1,991.53
	327	48.56	638.75		~	~	~

* Pool의 50% 근처인 추가 12개까지만 매수시도, 매도는 제한 없음

예시2 • 2사이클 동안 TQQQ 고점이 72달러였다가 사이클 마지막 날 종가가 70달러로 마감(일부 매도)

139쪽의 2사이클 최대밴드에 의한 매도점을 가져와 보자. TQQQ 고점이 72달러였기 때문에, 예약매도를 걸었던 TQQQ 중 5개가 매도된다. TQQQ 총 보유개수는 295개가 되고, Pool은 2,356.97달러다. 사이클 마지막 날 종가가 70달러이기 때문에, 마지막 날 평가금은 $295 \times 70 = 20,650$달러이다. 2사이클 정리표는 다음과 같다.

	시작 평가금	마지막 평가금	V	최소밴드	최대밴드	시작 Pool	마지막 Pool
1사이클	18,300	18,900	18,300	15,555	21,045	2,000	2,000
2사이클	18,900	20,650	18,500	15,725	21,275	2,000	2,356.97

이제부터 3사이클의 V값을 계산해보자. 전 사이클 마지막에서 $V_2 = 18,500$, Pool = 2,356.97이므로 V_3와 새로운 V값을 기준으로 구한 최소밴드, 최대밴드는 다음과 같다.

$V_3 = 18,500 + 2356.97/10 \approx 18,735.7$

최소밴드 $= V_3 \times 0.85 = 18,735.7 \times 0.85 \approx 15,925.34$

최대밴드 $= V_3 \times 1.15 = 18,735.7 \times 1.15 \approx 21,546.05$

최소밴드	보유개수	매수점	Pool	최대밴드	보유개수	매도점	Pool
	295	–	2,356.97		295	–	2,356.97
	296	53.98	2,302.99		294	73.04	2,430.01
	297	53.80	2,249.19		293	73.29	2,503.30
	298	53.62	2,195.57		292	73.54	2,579.84
	299	53.44	2,142.13		291	73.79	2,650.63
	300	53.26	2,088.87		290	74.04	2,724.67
	301	53.08	2,035.79		289	74.30	2,798.97
	302	52.91	1,982.88		288	74.55	2,873.52
	303	52.73	1,930.15		287	74.81	2,948.33
	304	52.56	1,877.59		286	75.07	3,023.40
	305	52.39	1,825.20		285	75.34	3,098.74
	306	52.21	1,772.99		284	75.60	3,174.34
15,925.34	307	52.04	1,720.95	21,546.05	283	75.87	3,250.21
	308	51.87	1,669.08		282	76.13	3,326.34
	309	51.71	1,617.37		281	76.40	3,402.74
	310	51.54	1,565.83		280	76.68	3,479.42
	311	51.37	1,514.46		279	76.95	3,556.37
	312	51.21	1,463.25		278	77.23	3,633.60
	313	51.04	1,412.21		277	77.50	3,711.10
	314	50.88	1,361.33		276	77.78	3,788.88
	315	50.72	1,310.61		275	78.07	3,866.95
	316	50.56	1,260.05		274	78.35	3,945.30
	317	50.40	1,209.65		273	78.64	4,023.94
	318	50.24	1,159.41		~	~	~

* Pool의 50% 근처인 추가 23개까지만 매수시도, 매도는 제한 없음

이 최소밴드, 최대밴드를 기준으로 매수점과 매도점을 구한다. 이렇게 2주치 예약매수, 예약매도를 걸고 사이클을 보내면 된다. 3사이클 시작 시 정리표는 다음과 같다.

	시작 평가금	마지막 평가금	V	최소밴드	최대밴드	시작 Pool	마지막 Pool
1사이클	18,300	18,900	18,300	15,555	21,045	2,000	2,000
2사이클	18,900	20,650	18,500	15,725	21,275	2,000	2,356.97
3사이클	20,650	–	18,735.7	15,925.34	21,546.05	2,356.97	–

05 인출식VR 투자법

이제부터 시작할 인출식VR 예시 역시 앞서 설명드렸던 적립식VR, 거치식VR과 원리는 똑같다. 다만 매달 일정한 금액을 인출할 것이기 때문에 공식 뒤에 '-인출금'이 존재한다. 적립식VR과 반대로 2주마다 한 번씩 일정 금액을 증권계좌에서 빼내면 된다.

$$V_2 = V_1 + \frac{pool}{G} - 인출금$$

처음 인출식VR을 시작할 때 매 사이클마다 인출하는 인출금의 수준은, 전체 투자금액의 0.5% 정도를 추천드린다. 예를 들면 10만 달러로 시작한다면 매 2주마다 500달러씩 인출한다는 것을 의미한다. 시작 시

보유해야 하는 Pool의 비율도 처음 시작할 때 전체 투자금의 20~30%가 무난하다. 아래부터 적을 예시는 Pool 비율을 20%로 시작한 것을 기준으로 하였다. 한 사이클마다 Pool의 사용한도는 25%로 결정하였다. 그리고 적립식VR과 거치식VR과 다르게 인출식VR에서 G는 20으로 고정하였다. 왜냐하면 인출식VR은 배당처럼 매달 일정 금액을 인출하는 것이 목적이기 때문에, 목표수익률을 조금 낮추고 더 안정적으로 운용하는 것을 의도하기 때문이다.

상황 예시는 다음과 같다. 김개미 씨는 약 5만 달러 정도로 인출식VR을 시작해보기로 했다. 한 달 동안 70달러 후반~80달러 초반대의 가격으로 TQQQ 500개를 사 모았고, Pool에 1만 달러를 배정하였다. 총투자금은 약 5만 달러 근처이기 때문에 사이클마다 0.5%에 해당하는 250달러를 인출하기로 하였다.

인출식VR을 시작하기 직전인 금요일 TQQQ 종가를 확인해보니 79달러였다. 따라서 월요일에 시작할 V값은 500 × 79 = 39,500달러로 결정하였다. 이를 토대로 최소밴드, 최대밴드를 구하면 다음과 같다.

최소밴드 = V × 0.85 = 39,500 × 0.85 = 33,575
최대밴드 = V × 1.15 = 39,500 × 1.15 = 45,425

이 최소밴드, 최대밴드를 기준으로 매수점과 매도점을 구한다. 이렇게 2주치 예약매수, 예약매도를 걸고 첫 사이클을 보내면 된다.

	시작 평가금	마지막 평가금	V	최소밴드	최대밴드	시작 Pool	마지막 Pool
1사이클	39,500	–	39,500	33,575	45,425	10,000	–

최소밴드	보유개수	매수점	Pool	최소밴드	보유개수	매수점	Pool
	500	–	10,000		520	64.69	8,681.88
	501	67.15	9,932.85		521	64.57	8,617.31
	502	67.02	9,865.83		522	64.44	8,552.87
	503	66.88	9,798.95		523	64.32	8,488.55
	504	66.75	9,732.20		524	64.20	8,424.35
	505	66.62	9,665.58		525	64.07	8,360.28
	506	66.49	9,599.09		526	63.95	8,296.33
	507	66.35	9,532.74		527	63.83	8,232.50
	508	66.22	9,466.52		528	63.71	8,168.79
33,575	509	66.09	9,400.43	33,575	529	63.59	8,105.20
	510	65.96	9,334.47		530	63.47	8,041.73
	511	65.83	9,268.64		531	63.35	7,978.38
	512	65.70	9,202.94		532	63.23	7,915.15
	513	65.58	9,137.36		533	63.11	7,852.04
	514	65.45	9,071.91		534	62.99	7,789.05
	515	65.32	9,006.59		535	62.87	7,726.18
	516	65.19	8,941.40		536	62.76	7,663.42
	517	65.07	8,876.33		537	62.64	7,600.78
	518	64.94	8,811.39		538	62.52	7,538.26
	519	64.82	8,746.57		539	62.41	7,475.85

* Pool의 25% 근처인 추가 39개까지만 매수시도

최대밴드	보유개수	매도점	Pool
45,425	500	–	10,000
	499	90.85	10,090.85
	498	91.03	10,181.88
	497	91.21	10,273.09
	496	91.40	10,364.49
	495	91.58	10,456.07
	494	91.77	10,547.84
	493	91.95	10,639.79
	492	92.14	10,731.93
	491	92.33	10,824.26
	490	92.52	10,916.78
	489	92.70	11,009.48
	488	92.89	11,102.37
	~	~	~

* 매도는 제한 없음

인출식VR의 경우 큰 금액으로 시작하는 경우가 많기 때문에, 1개씩 매수를 걸기 힘들면 2칸마다 2개씩 또는 3칸마다 3개씩 등으로 여러 칸마다 여러 개씩 걸어도 무방하다. 수익이 넘어가면 20~30개씩 걸어야 할 상황이 생긴다. 1사이클 동안 매수매도가 이루어지지 않았고, 마지막 금요일의 TQQQ 종가는 75달러였다. 평가금은 500 × 75 = 37,500달러이고, 매매가 없었으므로 Pool은 변화가 없다. 종료 시 정리표는 다음과 같다.

	시작 평가금	마지막 평가금	V	최소밴드	최대밴드	시작 Pool	마지막 Pool
1사이클	39,500	37,500	39,500	33,575	45,425	10,000	10,000

이제부터 2사이클의 V값을 계산해보자. 전 사이클 마지막에서 V_1 = 39,500이고 Pool = 10,000, 인출금 = 250이므로 V_2값과 이렇게 정해진 새로운 V값을 기준으로 구한 최소밴드와 최대밴드는 다음과 같다.

$$V_2 = 39,500 + 10,000/20 - 250 = 39,750$$
$$최소밴드 = V_2 \times 0.85 = 39,750 \times 0.85 = 33,787.5$$
$$최대밴드 = V_2 \times 1.15 = 39,750 \times 1.15 = 45,712.5$$

그리고 Pool에서 250달러를 빼낸다. 이로서 2사이클 시작 시 정리표는 다음과 같다.

	시작 평가금	마지막 평가금	V	최소밴드	최대밴드	시작 Pool	마지막 Pool
1사이클	39,500	37,500	39,500	33,575	45,425	10,000	10,000
2사이클	37,500	–	39,750	33,787.50	45,712.50	9,750	–

이 최소밴드, 최대밴드를 기준으로 매수점과 매도점을 구한다. 이렇게 2주치 예약매수, 예약매도를 걸고 사이클을 보내면 된다.

최소밴드	보유개수	매수점	Pool	최소밴드	보유개수	매수점	Pool
	500	–	9,750		519	65.23	8,488.63
	501	67.58	9,682.42		520	65.10	8,423.53
	502	67.44	9,614.98		521	64.98	8,358.55
	503	67.31	9,547.67		522	64.85	8,293.70
	504	67.17	9,480.50		523	64.73	8,228.97
	505	67.04	9,413.46		524	64.60	8,164.37
	506	66.94	9,346.55		525	64.48	8,099.89
	507	66.77	9,279.78		526	64.36	8,035.53
	508	66.64	9,213.14		527	64.23	7,971.30
33,787.50	509	66.51	9,146.63	33,787.50	528	64.11	7,907.19
	510	66.38	9,080.25		529	63.99	7,843.20
	511	66.25	9,014		530	63.87	7,779.33
	512	66.12	8,947.88		531	63.75	7,715.58
	513	65.99	8,881.89		532	63.63	7,651.95
	514	65.86	8,816.03		533	63.51	7,588.44
	515	65.73	8,750.30		534	63.39	7,525.05
	516	65.61	8,684.69		535	63.27	7,461.78
	517	65.48	8,619.21		536	63.15	7,398.63
	518	65.35	8,553.86		537	63.04	7,335.59

* Pool의 25% 근처인 추가 37개까지만 매수시도

인출식VR도 적립식 및 거치식 VR과 마찬가지로 위와 다음 페이지의 표대로 최소밴드, 최대밴드에 따라 예약매매가 이뤄진다. 이어서 2사이클에서 매수 또는 매도가 일어났을 때의 두 가지 경우를 알아보겠다.

최대밴드	보유개수	매도점	Pool
45,712.50	500	–	9,750
	499	91.43	9,841.43
	498	91.61	9,933.04
	497	91.79	10,024.83
	496	91.98	10,116.81
	495	92.16	10,208.97
	494	92.35	10,301.32
	493	92.54	10,393.86
	492	92.72	10,486.58
	491	92.91	10,579.49
	490	93.10	10,672.59
	~	~	~

* 매도는 제한 없음

예시1 • 2사이클 동안 TQQQ 저점이 60달러다가 사이클 마지막 날 종가가 62달러로 마감

150쪽에 나온 2사이클의 매수점을 가져와 보자. TQQQ 저점이 60 달러였다면 537개까지, 즉 37개 매수가 전부 이루어지고도 더 아래로 하락한 것이다. 미리 정했던 매수기준보다 가격이 더 떨어지고 있다고 해도 이번 사이클에서는 추가매수를 시도하지 않는다. 남은 Pool은 오른쪽에 표시된 것처럼 7,335.59달러가 된다. 사이클 마지막 날 종가가 62달러이 기 때문에, 마지막 날 평가금은 537 × 62 = 33,294달러이다. 2사이클 정리

	시작 평가금	마지막 평가금	V	최소밴드	최대밴드	시작 Pool	마지막 Pool
1사이클	39,500	37,500	39,500	33,575	45,425	10,000	10,000
2사이클	37,500	33,294	39,750	33,787.50	45,712.50	9,750	7,335.59

표는 위와 같다.

이제부터 3사이클의 V값을 계산해보자. 전 사이클 마지막에서 V_2 = 39,750, Pool = 7,335.59, 인출금 = 250이다. 이를 바탕으로 계산한 V_3값과 새로운 V값을 기준으로 하는 최소밴드와 최대밴드는 다음과 같다.

$$V_3 = 39,750 + 7335.59/20 - 250 \approx 39,866.78$$
$$최소밴드 = V_3 \times 0.85 = 39,866.78 \times 0.85 \approx 33,886.76$$
$$최대밴드 = V_3 \times 1.15 = 39,866.78 \times 1.15 = 45,846.80$$

그리고 Pool에서 250달러를 빼낸다. 이로서 3사이클 시작 시 정리표는 다음과 같다.

	시작 평가금	마지막 평가금	V	최소밴드	최대밴드	시작 Pool	마지막 Pool
1사이클	39,500	37,500	39,500	33,575	45,425	10,000	10,000
2사이클	37,500	33,294	39,750	33,787.50	45,712.50	9,750	7,335.59
3사이클	33,294	–	39,866.78	33,886.76	45,846.80	7,085.59	–

최소밴드	보유개수	매수점	Pool	최소밴드	보유개수	매수점	Pool
	537	–	7,085.59		552	61.50	6,151.16
	538	63.10	7,022.49		553	61.39	6,089.77
	539	62.99	6,959.50		554	61.28	6,028.49
	540	62.87	6,896.63		555	61.17	5,967.32
	541	62.75	6,833.88		556	61.06	5,906.26
	542	62.64	6,771.24		557	60.95	5,845.31
	543	62.52	6,708.72		558	60.84	5,784.47
33,886.76	544	62.41	6,646.31	33,886.76	559	60.73	5,723.74
	545	62.29	6,584.02		560	60.62	5,663.12
	546	62.18	6,521.84		561	60.51	5,602.61
	547	62.06	6,459.78		562	60.40	5,542.21
	548	61.95	6,397.83		563	60.30	5,481.91
	549	61.84	6,335.99		564	60.19	5,421.72
	550	61.72	6,274.27		565	60.08	5,361.64
	551	61.61	6,212.66		566	59.98	5,301.66

* Pool의 25% 근처인 추가 29개까지만 매수시도

이 최소밴드, 최대밴드를 기준으로 매수점과 매도점을 구한다. 이렇게 2주치 예약매수, 예약매도를 걸고 첫 사이클을 보내면 된다.

이번 예시처럼 한 사이클 매수제한에 걸려 매수를 다 못 한 경우에는, 다음 사이클의 첫날인 월요일 본장의 TQQQ 가격이, 매수표의 첫 가격인 63.13달러보다 낮게 시작할 수도 있다. 그런 경우라도 2주치 가격을 예약매수 해놓으면, 본장에서 설정했던 매수표보다 더 낮은 가격인 시초

최대밴드	보유개수	매도점	Pool
	537	–	7,085.59
	536	85.38	7,170.97
	535	85.54	7,256.51
	534	85.69	7,342.20
	533	85.86	7,428.06
	532	86.02	7,514.08
	531	86.18	7,600.26
	530	86.34	7,686.60
	529	86.50	7,773.10
45,846.80	528	86.67	7,859.77
	527	86.83	7,946.60
	526	87.00	8,033.60
	525	87.16	8,120.76
	524	87.33	8,208.09
	523	87.49	8,295.58
	522	87.66	8,383.24
	521	87.83	8,471.07
	~	~	~

* 매도는 제한 없음

가로 한꺼번에 매수가 이루어진다. 실제 가격이 낮다면 매수표대로 비싸게 매수되지 않으며, 시장가에 맞게 매수가 이루어지므로 결국 매수표대로 예약매수를 걸어놔도 상관없다.

예시2 • 2사이클 동안 TQQQ 고점이 92달러였다가 사이클 마지막 날 종가가 90달러로 마감

151쪽의 2사이클의 매도점을 살펴보자. TQQQ 고점이 92달러였기 때문에, 예약매도를 걸었던 TQQQ 중 4개가 매도된다. TQQQ 총보유개수는 496개가 되고, Pool은 10,116.81달러가 된다. 사이클 마지막 날 종가가 90달러이기 때문에, 마지막 날 평가금은 496×90＝44,640달러이다. 2사이클 정리표는 다음과 같다.

	시작 평가금	마지막 평가금	V	최소밴드	최대밴드	시작 Pool	마지막 Pool
1사이클	39,500	37,500	39,500	33,575	45,425	10,000	10,000
2사이클	37,500	44,640	39,750	33,787.50	45,712.50	9,750	10,116.81

이제부터 3사이클의 V값을 계산해보자. 전 사이클 마지막에서 $V_2 =$ 39,750, Pool＝10,116.81, 인출금＝250이다. 이를 바탕으로 계산한 V_3값과 새로운 V값을 기준으로 하는 최소밴드와 최대밴드는 다음과 같다.

$$V_3 = 39,750 + 10,116.81/20 - 250 \approx 40,005.84$$

$$\text{최소밴드} = V_3 \times 0.85 = 40,005.84 \times 0.85 \approx 34,004.96$$

$$\text{최대밴드} = V_3 \times 1.15 = 40,005.84 \times 1.15 \approx 46,006.72$$

그리고 Pool에서 250달러를 빼낸다. 이로서 3사이클 시작 시 정리표

	시작 평가금	마지막 평가금	V	최소밴드	최대밴드	시작 Pool	마지막 Pool
1사이클	39,500	37,500	39,500	33,575	45,425	10,000	10,000
2사이클	37,500	44,640	39,750	33,787.50	45,712.50	9,750	10,116.81
3사이클	44,640	–	40,005.84	34,004.96	46,006.72	9,866.81	–

는 다음과 같다

이 최소밴드, 최대밴드를 기준으로 매수점과 매도점을 구한다. 이렇게 2주치 예약매수, 예약매도를 걸고 사이클을 보내면 된다.

최소밴드	보유개수	매수점	Pool	최소밴드	보유개수	매도점	Pool
	496	–	9,866.81		509	66.94	8,986.16
	497	68.56	9,798.25		510	66.81	8,919.35
	498	68.42	9,729.83		511	66.68	8,852.67
	499	68.28	9,661.55		512	66.55	8,786.12
	500	68.15	9,593.40		513	66.42	8,719.70
	501	68.01	9,525.39		514	66.29	8,653.41
	502	67.87	9,457.52		515	66.16	8,587.25
34,004.96	503	67.74	9,389.78	34,004.96	516	66.03	8,521.22
	504	67.60	9,322.18		517	65.90	8,455.32
	505	67.47	9,254.71		518	65.77	8,389.55
	506	67.34	9,187.37		519	65.65	8,323.90
	507	67.20	9,120.17		520	65.52	8,258.38
	508	67.07	9,053.10		521	65.39	8,192.99
	509	66.96	8,985.86		528	64.55	7,738.00

최소밴드	보유개수	매수점	Pool	최소밴드	보유개수	매도점	Pool
	522	65.27	8,127.72		528	64.53	7,738.72
	523	65.14	8,062.58		529	64.40	7,674.32
	524	65.02	7,997.56		530	64.28	7,610.04
34,004.96	525	64.89	7,932.67	34,004.96	531	64.16	7,545.88
	526	64.77	7,867.90		532	64.04	7,481.84
	527	64.65	7,803.25		533	63.92	7,417.92

* Pool의 25% 근처인 추가 37개까지만 매수시도

최대밴드	보유개수	매도점	Pool
	496	–	9,866.81
	495	92.76	9,959.57
	494	92.94	10,052.51
	493	93.13	10,145.64
	492	93.32	10,238.96
	491	93.51	10,332.47
46,006.72	490	93.70	10,426.17
	489	93.89	10,520.06
	488	94.08	10,614.14
	487	94.28	10,708.42
	486	94.47	10,802.89
	485	94.66	10,897.55
	484	94.86	10,992.41
~	~	~	~

* 매도는 제한 없음

06 실제 VR이 진행되는 모습

3장에서부터 5장까지에 걸쳐 적립식VR, 거치식VR, 인출식VR의 방법론에 대한 소개가 마무리되었다. 이제 1장 초반부에 보여드렸던 TQQQ 진행 예시 차트를 다시 살펴보면서 복습 겸 이 차트 흐름이 VR 공식과 맞물려서 어떻게 진행되는 것인지 알아보겠다.

다음 페이지에 보이는 차트의 초반부를 보면 하단에 보이는 Pool값이 거의 제로에 가까운 것을 볼 수 있다. 현금 비중이 적은 상태임을 뜻한다. 그리고 이 시기에 V의 기울기가 완만한 것을 확인할 수 있다.

하지만 중반부에 TQQQ의 대세 상승이 오면서, TQQQ 평가금이 최대밴드에 닿아 매도가 이루어지고 Pool이 지속적으로 늘어나게 된다. 현금 비중이 높아진 만큼 V의 기울기가 가팔라지는 모습을 볼 수 있다

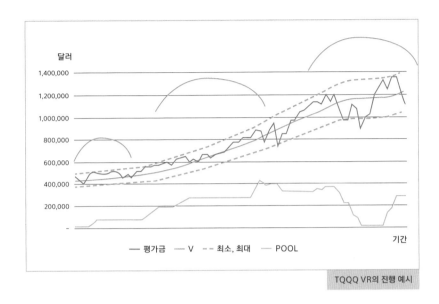

━━ 평가금 ━━ V ‑‑ 최소, 최대 ━━ POOL

기간

TQQQ VR의 진행 예시

후반부에 TQQQ의 하락장이 오면서, 최소밴드에 닿아 매수가 여러 번 발생하면서, Pool이 급격히 줄어드는 모습을 볼 수 있다. 현금 비중이 낮아진 만큼 V의 기울기가 다시 완만해지는 모습을 볼 수 있다.

왜 이런 흐름이 자연스럽게 지속되는 것일까? 다시 VR의 공식을 살펴보자.

$$V_2 = V_1 \times 상승률 \pm (적립금 \,or\, 인출금)$$

$$= V_1 \times (1 + \frac{pool / V_1}{G}) \pm (적립금 \,or\, 인출금)$$

적립금, 인출금이라는 요소가 부가적으로 붙기는 하지만, VR 공식에서 V의 흐름을 결정하는 가장 큰 요소는 G와 Pool이다. G값은 G = 10이나 G = 20 등 정해서 설명드렸기 때문에 사실상 따로 반영해야 할 부분은 Pool밖에 없다

위 공식에서 기울기를 결정하는 Pool/V란, 내가 보유하고 있는 'TQQQ의 기대가치' 대비 'Pool의 비중'이라고 보면 된다. 즉 '주식 대비 현금 비중'이라는 의미이다. 현금 비중이 높으면 그래프가 가파르게 되고, 현금 비중이 낮으면 그래프가 완만해지는 이유는 상승률이 Pool/V에 의해 결정되기 때문이다. 예를 들어 Pool/V가 0.1이면, G = 10일 때 상승률은 1 + 0.1/10 = 1.01이 된다. 즉 새로운 V와 직전 V의 차이는 1.01 비율만큼이다. 이와 같은 원리로 Pool의 비중에 따라서 자연스럽게 위 차트의 모습처럼 진행되는 것을 볼 수 있다.

쉬어가는 페이지

밸류 에버리징이란

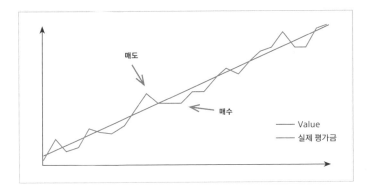

밸류 에버리징의 특징은 이 그래프로 간단하게 요약할 수 있다. 코스트 에버리징이 정액매수로 분할매수를 하는 것이 특징이라면 밸류 에버리징은 밸류를 설정해놓고(상기 그림에서 직선에 해당) 그 밸류보다 낮으면 매수하고, 높으면 매도하면서 밸류를 따라가게 만드는 것이다. 어느 정도 하락했는지에 따라 매수량도 다르고, 어느 정도 상승했는지에 따라 매도량도 다르다. 필자가 이 방식에 눈이 번쩍였던 이유는 장투를 하면서 목표에 따라서 '매도'가 일어나기도 한다는 점 때문이었다.

하지만 밸류 에버리징을 다룬 책을 원서로 구입해서 읽고, 또 여러 관련된 논문들을 읽고 나서, 밸류 에버리징에 큰 단점이 있다는 것을 알게 되었다. 현실에 적용하기 어려운 이유는 다음과 같다.

① 밸류는 어떻게 정하는 것인가

백테스트는 대략의 추세를 이미 알고 나서 하는 것이다. 그래서 결과에 맞춰서 적절하게 밸류를 설정하고 난 다음에, '밸류 에버리징을 시행했다면 이렇게 된다'라고 백테스트를 할 수 있지만, 문제는 우리는 미래의 결과를 모르기 때문에 밸류를 어떻게 설정해야 할지를 미리 정하기가 어렵다는 것이다.

밸류 리밸런싱에서는 밸류를 미리 정하지 않았으며, 중간과정에 따라 달라진다.

② 매수는 어디까지 가능한 것인가

밸류 에버리징은 밸류보다 평가금이 낮아지면 매수를 통해 밸류로 올리는 방식이다. 그런데 원서에서는 그 한계를 설정하지 않다 보니, 하락장이 길어진다면 어디까지 계속 매수해야 하는지가 정확하지 않다. 결국 현금이 말라버리면 매수해서 밸류만큼 끌어올리는 것이 불가능하다. 그렇다면 밸류 에버리징을 실행하기 위해서 미리 현금을 더 많이 준비했어야 한다. 결국 현금을 미리 어느 비율로 설정해야 하는지에 따라 현금까지 포함한 전체 수익률이 천차만별로 달라진다.

밸류 리밸런싱에서는 Pool을 정해놓고, Pool이 모두 소진되면 매수를 하지 않는 것으로 정했다.

③ 상승세가 너무 길어지면 어떻게 되는 것인가

이번에는 두 번째 내용과 반대인 상황으로, 상승이 이어져서 평가금이 밸류보다 상위에 위치하게 되면, 매도를 통해 밸류를 맞춰야 한다. 그런데 밸류의 기울기가 정해져 있다 보니, 지속적인 상승장에서는 매도만 계속 이어지는 상황이 발생한다. 매도가 많아질수록 투자가 비효율적이 될 수밖에 없음은 물론이지만, 더 큰 문제는 매도한 금액을 어떻게 운용해야 하는지에 대한 가이드가 명확하지 않다는 것이다.

밸류 리밸런싱에서는 매도된 금액만큼 Pool이 증가하도록 했으며, Pool 비중이 커질수록 기울기를 증가시켜 매수가 더 잘 이루어지도록 의도했다.

④ 매매가 너무 잦다

밸류를 정해놓고 밸류보다 높으면 매도를, 밸류보다 낮으면 매수를 진행하다 보니, 매달 매매를 해야 한다. 우연히 평가금이 밸류랑 일치할 확률은 거의 없기 때문이다. 이런 잦은 매매는 수수료의 영향력이 커질 수밖에 없어서 백테스트와 오차가 생기는 원인이 된다

밸류 리밸런싱에서는 밸류를 기반으로 최대최소의 범위를 정해서, 매매가 자주 이루어지지 않게 의도하였다.

즉 이런 단점들을 해결하지 않고 1991년의 밸류 에버리징을 현시대에 가져다 쓰기엔 무리가 있었기 때문에, 필자는 이 밸류 에버리징의 한계를 극복하고자 고민을 거듭하며 수많은 백테스트를 시행했고, 그 내용은 '밸류 리밸런싱'이라는 이름으로 이 책 전반에 걸쳐 기술되어 있다.

PART 5

밸류 리밸런싱이
특별한 이유

VALUE REBALANCING

01 리밸런싱 효율이 우수하다

이번 PART에서는 다양한 백테스트를 통해 VR, 즉 밸류 리밸런싱이 장기투자에 있어 가지는 장점들을 설명하려 한다. 그 전에 비교를 위해 일반적인 주식/현금 리밸런싱에 대해 알아보도록 하자. 김개미 씨는 레버리지 투자에 관심이 많다. 하지만 3배 레버리지를 온전히 감당하기에는 높은 리스크가 겁이 났다. 그래서 고민 끝에 자체적으로 배율을 낮춘 QQQ의 2.4배 레버리지 상품을 만들어보기로 했다.

먼저 TQQQ는 QQQ의 3배 레버리지, QLD는 QQQ의 2배 레버리지에 해당한다. 이 상품들을 리밸런싱을 활용해 자체적으로 배율을 조절할 수 있다. 2.4배 레버리지를 만드는 간단한 방법은 크게 3가지가 있다

A포트폴리오 • TQQQ 40%+QLD 60%

TQQQ 40%에 QLD 60%로 포트폴리오를 구성하면 $3 \times 0.4 + 2 \times 0.6$ $= 2.4$가 되어, QQQ의 2.4배 레버리지가 된다

B포트폴리오 • TQQQ 70%+QQQ 30%

TQQQ 70%에 QQQ 30%로 포트폴리오를 구성하면 $3 \times 0.7 + 1 \times 0.3$ $= 2.4$가 되어, QQQ의 2.4배 레버리지가 된다.

C포트폴리오 • TQQQ 80%+현금 20%

TQQQ 80%에 현금 20%로 포트폴리오를 구성하면 $3 \times 0.8 + 0 \times 0.2$ $= 2.4$가 되어, QQQ의 2.4배 레버리지가 된다.

A, B, C 3가지 포트폴리오 중 가장 수익률이 높은 것은 어떤 것일까? 또 가장 위험도가 낮은 것은 어떤 것일까? 다음은 2011년부터 2021년까지 11년간 3가지 포트폴리오에 대한 백테스트 결과이다.

놀랍게도 이 그래프는 1개가 아니다. A, B, C 포트폴리오 3가지 그래프를 겹쳐놓은 것이다. 즉, 3개의 그래프가 하나의 그래프로 인식될 만큼 완전히 똑같다. 기간별로 끊어서 보아도 모든 과정의 수익률과 하락률이 모두 같다.

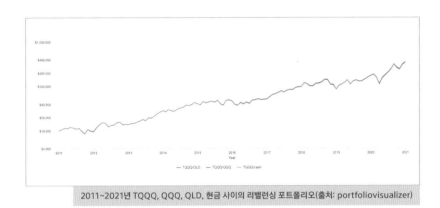

2011~2021년 TQQQ, QQQ, QLD, 현금 사이의 리밸런싱 포트폴리오(출처: portfoliovisualizer)

2011~2021년 TQQQ, QQQ, QLD, 현금 사이의 리밸런싱 하락률 (출처: portfoliovisualizer)

즉, 어떤 방식으로 2.4배 레버리지를 만들어도 일반적인 리밸런싱은 결과가 모두 똑같다는 것을 의미한다. 리밸런싱 주기를 3개월로 하든 1년으로 하든 똑같은 결과가 나온다. 그리고 위 A, B, C 예시는 TQQQ를 3배, QLD를 2배로 가정해서 수익률과 위험도를 비율로 계산해보면, 수익률이 약 2.4배에 위험도도 약 2.4배가 나온다. 이런 현상은 2.4배뿐만 아

니라, 다른 레버리지 배율, 예를 들면 1.7배를 만들어도 마찬가지이다

일반적인 리밸런싱 방법은 이처럼 수익률과 위험도가 함께 움직인다. 반대로 수익률은 높이면서 위험도는 낮게, 예를 들면 수익률은 2.5배로 만들면서 위험도는 2.3배로 낮아지게 만드는 것은 굉장히 어렵다. 그래서 효율을 높이기 위해서 현금 대신 채권이나 금을 섞는 방식으로 자산 배분을 하지만, 채권과 금도 사이클을 잘못 만나면 현금만도 못한 결과가 나온다.

그럼 이제부터 TQQQ 거치식VR의 2011년부터 2020년까지 10년 백테스트를 살펴보자. 적립식VR과 인출식VR도 결과가 크게 다르지 않기 때문에 거치식VR을 예시로 설명드리도록 하겠다. 기준이 되는 수치를 비교하기 위해 QLD와 TQQQ 단일투자의 예시를 먼저 보여드리고자 한다.

먼저 QLD를 2011년 1월 초에 거치식으로 투자하여 2020년 말까지 진행하면 다음과 같은 결과가 나온다. 매일의 종가기준으로 계산해보면, QLD의 10년 CAGR(연평균성장률)은 36.2%, MDD(최대하락률)는 -51.7%이다.

TQQQ를 2011년 1월초에 거치식으로 투자하여 2020년 말까지 진행하면 다음과 같은 결과가 나온다. 매일의 종가기준으로 계산해보면, TQQQ의 10년 CAGR는 49.7%, MDD는 -69.9%이다. QLD보다 수익률이 더 높아졌지만, MDD도 증가했음을 알 수 있다.

이번에는 PART4 4장에서 거치식VR로 보여드렸던 방식으로 V와 Pool을 변화시키면서 같은 기간의 10년 동안 투자를 이어갔다고 가정하

였다. 이 경우 TQQQ VR의 CAGR은 49.4%, MDD는 -58.4%가 나온다. 이 수치들을 토대로 수익률과 MDD가 몇 배 레버리지인지 계산해보면 다음과 같다.

QLD 일반거치식		TQQQ 일반거치식		TQQQ VR	
CAGR	36.2%	CAGR	49.7%	CAGR	49.4%
MDD	-51.7%	MDD	-69.9%	MDD	-58.4%

QLD, TQQQ, TQQQ VR의 수익률과 위험도 비교

구분	TQQQ VR(G=10)	레버리지 비율
CAGR	49.4%	약 3배 레버리지
MDD	-58.4%	약 2.4배 레버리지

TQQQ VR에서 수익률과 위험도의 레버리지 비율

다시 정리하면 일반적인 리밸런싱 방법으로는 수익률이 2.4배이면 위험도가 2.4배일 수밖에 없지만, TQQQ VR은 수익률은 3배에 위험도는 2.4배가 되거나, 수익률은 2.4배에 위험도는 1.9배가 되는 것이 가능하다. 채권이나 금을 전혀 섞지 않았음에도 말이다. 만약 채권이 효과적인 퍼포먼스를 보이는 기간에 VR 백테스트에도 채권을 섞는다면, 위 수치보다도 더 좋은 효율이 나온다.

02 수익률과 위험도를 자유자재로 선택하거나 변경할 수 있다

VR의 공식을 다시 상기해보면, 이 공식에서 가장 핵심적인 부분은 상승률을 계산하는 것이며, 그 상승률을 조절하는 부분은 바로 G값이다. 적립식VR, 거치식VR, 인출식VR 에 대한 예시를 구분해서 적었지만, 상승률은 각자의 성향에 따라 결정할 수 있고 심지어 진행 중에 변화시킬 수도 있다. 공식을 다시 살펴보자.

$$V_2 = V_1 \times 상승률 \pm (적립금 \, or \, 인출금)$$
$$= V_1 + \frac{pool}{G} \pm (적립금 \, or \, 인출금)$$

예를 들면 적립식VR과 거치식VR의 예시에서 상승률은 G = 10으로 결정된 것이다. 만약 G = 10 대신 G = 20, G = 30으로 정하게 되면, 훨씬 더 안정적으로 장투가 진행되는 모습으로 변화한다. 또 VR을 진행하는 중에 서서히 위험도를 낮추고 싶다면, G = 10으로 시작했다가 1년마다 G를 1씩 늘려 11, 12 등으로 변화시키는 형식으로 응용할 수도 있다.

뒤에서 여러 가지 G값에 따른 백테스트 결과를 다시 정리하겠지만, 이번 장에서 간단하게 G = 10과 G = 20만 비교하면 다음과 같다.

	TQQQ VR (G=10)	레버리지 비율		TQQQ VR (G=20)	레버리지 비율
CAGR	49.4%	약 3배 레버리지	CAGR	46.2%	약 2.7배 레버리지
MDD	-58.4%	약 2.4배 레버리지	MDD	-55.7%	약 2.2배 레버리지

수익률과 위험도의 레버리지 비율이 같이 내려갔음을 알 수 있다. 수익률 수치는 높고 위험도 수치는 낮기 때문에 일반적인 리밸런싱보다 효율이 좋은 모습을 계속 유지하고 있다.

사람에 따라 성향이 다르기 때문에, 수익률 대신 더 안정적인 투자를 원하는 사람도 있을 수 있다. 반대로 위험하더라도 수익률을 극대화시키고 싶을 수도 있다. G값에 따라 심지어 수익률이 TQQQ를 넘어가게 만들 수도 있다. 더 자세한 경향성 및 백테스트를 PART7에 걸쳐 기술하였다.

03 장기적으로 비슷하게 수렴해간다

현실에서 투자를 주저하게 만드는 요소는 바로 마켓 타이밍을 잡아 보려는 마음이다. 왜냐하면 내가 주식을 사는 시점의 가격이 곧 수익률 및 수익금으로 직결되기 때문이다. 같은 주식을 50달러로 매수한 사람과 100달러로 매수한 사람은 먼 미래의 결과도 당연히 2배 차이가 난다. 즉 일반 거치식 투자는 진입시점에 따라 수익률이 결정되기 때문에, 어느 지점에서 투자를 시작할 것인가를 끊임없이 고민할 수밖에 없다. 지나고 나서 아쉬운 마음에 사고팔고를 해봤자, 규칙이 없는 투자는 상황을 더 악화시킬 뿐이다. 하지만 밸류 리밸런싱은 운 좋게 저점 근처에서 시작하면 추후 최대밴드에 쉽게 도달하기 때문에 매도가 더 빨리 이루어지고, 운 없게 고점 근처에서 시작하면 추후 최소밴드에 더 쉽게 도달하기 때문에 매수가 더 빨리 이루어진다. 만약 어느 지점에서 투자를 시작해서 아래와 같은 주가 등락이 이루어졌다고 가정해보자. 빨간색 화살표는 매수가 이루어진 지점이다.

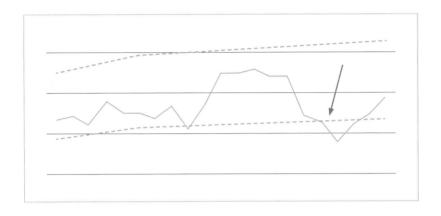

이번에는 어떤 사람이 운이 없게 고점 근처인 빨간 점에서 VR을 시작했다고 가정하면, 다음과 같이 첫 매수가 앞선 경우보다 훨씬 빠르다.

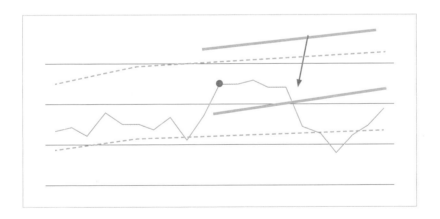

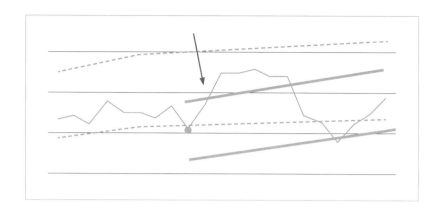

　반대로 운이 좋게 저점 근처인 파란 점에서 시작하는 경우에는, 위와 같이 매도가 빨리 오게 된다.

　이런 과정을 거쳐서 VR투자법은 저점시작과 고점시작이 비슷한 지점으로 수렴해가는 특징이 있다.

　하지만 정작 투자를 시작하게 되면 내가 저점을 잡은 것인지 고점을 잡은 것인지 그때는 알 수 없다. 최소 몇 년이 지나고 나서야 그 지점이 고점이었는지 저점이었는지 중간 쯤이었는지를 결과적으로 알게 되는 것뿐이다. 단 오해하면 안 되는 것이, 수익률이 같다는 뜻은 아니다. 저점에서 시작할 경우 분명히 수익률은 더 높다. 다만, 일반적인 투자만큼 차이가 나지 않고, 그 차이가 좁혀진다는 것을 의미한다.

　예를 들어 정말 운이 없거나 운이 좋은 경우에 시작할 때 30%의 TQQQ 가격차로 시작한다고 가정한다면, 일반 투자는 결과도 30% 차이가 날 수밖에 없지만, 만약 VR 규칙을 따랐을 경우, 장기적으로 10%

근처로 수익률 차이가 좁혀지는 것을 백테스트상으로 확인하였다. 따라서 극단적인 고점이나 극단적인 저점을 잡은 것이 아니라면, 대부분 사람들은 이 정도 차이로 TQQQ 장투를 이어가게 될 것이다.

TQQQ의 변동성을 감안할 때 이 정도 차이는 큰 수치라고 볼 수 없다. 일반적으로 투자를 시작하기 전에도, 또는 중간에 추매를 결정할 때에도 항상 타이밍을 고민할 수밖에 없기 때문에, VR의 이런 특징은 추가 증액 타이밍에 대한 고민도 줄여주는 역할을 하게 된다.

04 그 외 VR의 장점들

2주에 한 번 예약매수, 예약매도를 건다

앞서 다룬 장점들 외에 몇 가지 장점들을 소개하도록 하겠다. VR은 2주마다 한 번씩 예약매수, 예약매도를 걸고 실제로 2주 동안 아무것도 하지 않는다. 물론 조금 더 부지런하게 투자를 하고 싶은 경우에 최소밴드, 최대밴드의 범위를 ±15%가 아닌 ±10%나 ±5%로 설정해서 더 자주 매수매도를 하는 스타일로 변형해도 된다. 하지만 주식에 너무 많은 신경을 쓰지 않고, 여유 시간은 가족과 시간을 보낸다거나 취미활동 또는 자기계발에 쓰기 위해 필자가 가이드하는 ±15% 또는 ±20% 정도로 밴드 범위를 설정하고 진행하는 것을 추천드린다.

우리가 부자가 되고 싶은 이유는 하고 싶은 것을 마음껏 하고, 먹고 싶은 것을 마음껏 먹기 위해서인 것도 있지만, 시간을 벌기 위한 이유도 크다. 돈을 아무리 많이 번다고 해도 항상 시간에 쫓겨 살게 된다면 돈을 버는 의미가 퇴색된다고 생각한다.

적립식 투자인데 매도를 하고, 인출식 투자인데 매수를 한다

적립식 투자는 단어 그대로 정기적으로 돈을 넣는 투자이며, 인출식 투자는 정기적으로 돈을 빼는 투자이다. 예를 들면 한 달에 한 번씩 매수를 하거나, 한 달에 한 번씩 매도를 하는 방식으로 실행되는 경우가 많다.

하지만 VR투자는 적립식VR 과정 중 매도를 하고, 인출식VR 과정 중 매수를 한다. VR이라는 큰 틀에서 적립과 인출은 부수적인 요소일 뿐이고, 실제 VR을 움직이는 틀은 결국 Pool의 비중에 따른 상승률이기 때문이다. 게다가 목돈을 추가하거나 목돈을 인출하는 것 또한 자유자재로 실행할 수 있다.

예측이 아닌 대응의 결정체이다

"주식은 예측이 아닌 대응"이라는 문구를 여기저기서 많이 보셨을 것이다. 100미터 달리기에서 권총 소리를 잘 예측해서 출발시간을 단축하려고 시도한다고 할 때, 성공 시 좋은 순위에 들 가능성이 높아지지만,

실패 시 경기 자격을 박탈당하게 된다. 주식도 다르지 않다 예측이 성공하면 큰 수익을, 실패하면 큰 손해를 입게 된다. 특히 분할매수나 분할손절이 익숙하지 않은 일반 개미는 선택을 극단적으로 하는 경우가 많다.

VR투자에서 TQQQ 평가금의 흐름을 결정하는 것은 다름 아닌 상승률이다. 하지만 이 상승률은 사람이 예측해서 미리 결정하는 것이 아니다. 내 현금 비중에 따라 상승률이 높아지거나 낮아지는 것이고, 그 현금 또한 VR 규칙에 따라 조절될 뿐이다. 따라서 VR투자는 철저히 예측이 아닌 대응으로 이루어져 있다. 애초에 필자는 사람이 주가를 예측하는 것은 불가능하다는 전제로 투자법을 고민한 것이기 때문이다.

적립식VR, 거치식VR, 인출식VR 전환이 자유롭다

VR 공식에서 가장 중요한 요소는 상승률이며, 적립금이나 인출금은 부가적인 요소일 뿐이다. 따라서 PART4에서 적립식VR, 거치식VR, 인출식VR 등 3가지로 구분해서 설명드렸지만, 사실상 VR은 하나이다. 현실에서는 백테스트처럼 철저히 구분할 필요가 없으며, 상황에 따라서 유연하게 전환할 수 있다.

예를 들어 적립식VR을 하던 도중에 승진해서 월급이 상승했다면 적립금을 더 늘려도 된다. 즉, 공식에서 '+적립금' 부분을 증가시키면 된다. 반대로 생활비가 필요해서 적립금을 줄여야 한다면 줄여도 된다. 즉, 공식에서 '+적립금' 부분을 감소시키면 된디. 목돈이 갑자기 생기거나 목돈이 필요한 경우에도, 전체 투자금 자체를 변경할 수 있다. 이 경우는 PART6에서 상세히 기술하였다.

실제로 필자 역시 현재 적립식VR을 하고 있으나, 추후 이 계좌를 거치식VR로 변경할 생각이며, 또 더 미래에는 인출식VR로 변경할 생각이다. 그리고 투자가 길어지면 G값을 변경해가면서 더 안정적인 방향으로 운용할 계획이다.

'투스틴'의 저수지 이야기

다음 글은 필자가 운영하는 '라오어 미국주식 무한매수법&밸류리밸런싱' 네이버 카페에서 '투스틴'이라는 닉네임의 회원분이 쓴 글이다. VR투자를 농부 및 저수지에 비유한 내용으로, 많은 회원분들에게 사랑을 받았던 글이다. VR투자의 개념을 이해하는 데 도움이 되는 글로써 투스틴 님이 책에 이 글을 싣는 것을 동의해주셨음을 미리 밝힌다.

–

농부는 날씨에 상관없이 물이 마르지 않는 초대형 저수지를 구축하고 싶어 합니다. 물이라는 요소에서 자유로운 농사 즉, 자급자족을 하고 싶어서입니다. 저수지에 빗댄 VR의 기본원리는 아래 그림과 같습니다.

VR이 V값과 Pool로 투자를 관리하듯이, 농부는 저수지와 연못으

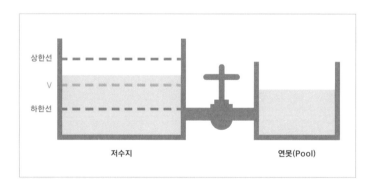

로 전체 수량을 관리합니다. 비가 너무 많이 와서 저수지에 물이 넘칠 것 같으면 물을 연못으로 옮기고(매도), 반대로 가뭄이 들어 저수지에 물이 모자라면 연못에서 물을 빼 옵니다(매수). 그렇다면 매번 저수지를 얼마나 키워야 할까요?

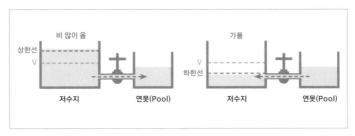

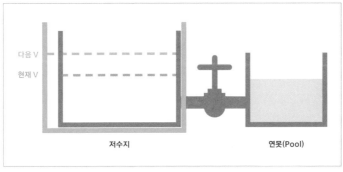

규칙 없이 무턱대고 키웠다가는, 갑작스럽게 심한 가뭄(폭락)이 오면 순식간에 연못의 물까지 모두 말라버려 농사를 망치게 될지도 모릅니다. 특히 우리가 농사 짓는 이곳의 날씨는 '3배 레버리지 공간'입니다.

저수지를 얼마나 키울지 여부는 연못에 물이 얼마나 많은지가 중요하게 작용합니다. 저수지 크기에 비해서 연못에 물이 많다면 왠지 든든

하겠죠? 가뭄이 와도 버틸 수 있다는 자신감이 생길 것입니다. 그래서 더 과감하게 저수지를 키울 수 있습니다(V 상승률 증가).

만약 저수지 크기에 비해 연못에 물이 부족하다면 조금 겁이 나겠죠? 이러다 가뭄이 온다면 물이 마를까 봐 걱정입니다. 그래서 저수지를 조금만 키우거나 줄일수도 있습니다(V 상승률 감소).

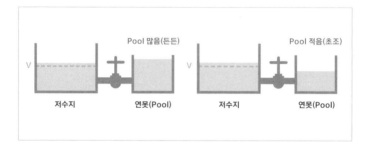

최종 목표는 저수지 자체를 조금씩 키워서 초대형 저수지로 만드는 것입니다. 그 기간 동안 날씨가 어떨지 알 수 없습니다. 그래서 저수지의 크기, 저수지와 연못의 비율, 연못에 있는 물의 양을 고려한 이 비율이 중요합니다. 제가 이해하는 한도에서 VR투자를 시각적으로 재구성해 보았습니다. 다른 분들이 VR을 이해하시는 데에 도움이 되었으면 좋겠습니다.

VALUE REBALANCING

PART6

밸류 리밸런싱 수치들의
의미 및 응용법

VALUE REBALANCING

01 VR에서 상승률의 의미

TQQQ VR은 각자의 투자성향에 맞춰 위험도와 수익률을 조절할 수 있다. 어떻게 수치를 바꿔야 하는지를 PART6 전반에 걸쳐서 설명드릴 것이다. 하지만 그 이전에 왜 상승률을 P/V를 기준으로 정하게 되었고, P/V/10이 무슨 의미인지 알아보자. 왜 이런 공식이 나왔는지를 꼭 이해할 필요가 없다고 생각된다면, 이번 PART는 그냥 읽지 않고 넘어가도 상관없다. 먼저 VR 공식을 가져와 보자.

$$V_2 = V_1 \times 상승률 \pm (적립금 or 인출금)$$

$$V_2 = V_1 \times (1 + \frac{pool / V_1}{G}) \pm (적립금 or 인출금)$$

$$= V_1 + \frac{pool}{G} \pm (적립금 or 인출금)$$

평소 수학에 익숙한 사람이라면, 오히려 너무 공식이 쉽다고 생각될 수 있다. 이 정도로 간단한 공식으로 TQQQ 장투를 효과적으로 진행할 수 있을까 의심이 될 정도이다. 사실 이 책에 소개한 공식 말고도 여러 가지 후보들이 있었지만, 공식의 복잡함에 비해 퍼포먼스가 크게 개선되지 않는다면 모두 폐기했다.

필자는 무한매수법도 그랬지만 VR도 최대한 일반인이 스스로 직접 할 수 있도록 단순화시키고 싶었다. 그래서 초반에 만들었던 공식은 더 복잡했지만, 점차 단순화를 해나갔다. 하지만 PART7에서는 밸류 리밸런싱을 조금 더 복잡한 공식으로 하는 방법도 소개할 예정이다.《수학의 정석》이 기본편, 실력편으로 나뉘어 있는 것처럼, 이때까지 소개한 공식은 VR의 '기본공식'이며, 추가로 소개할 공식은 '실력공식'으로 이름 지었다. 하지만 기본공식만으로도 VR을 진행하기에 크게 무리가 없다. 이것만으로도 앞서 설명드렸던 것처럼 단순한 현금 리밸런싱에 비해 효율이 좋게 나오기 때문이다.

이제 '기본공식'에서 'P/V'와 'G = 10'의 의미에 대해서 알아보자.

P/V를 기준으로 잡은 이유

먼저 P/V(Pool/Value)란 내가 보유하고 있는 'TQQQ의 기대가치' 대비 'Pool의 비중'이다. 즉, '주식 대비 현금 비중'이다. 필자는 장투를 진행하는 데에 있어서, 현금 비중이 높다면 조금 더 매수가 잘되도록 의도해서 현금 비중을 낮추고 싶었고, 반대로 현금 비중이 낮다면 조금 더 매도가 잘되도록 의도해서 현금 비중을 높이고 싶었다. 그런데 TQQQ 평가금이 똑같이 움직이더라도 V의 상승률 각도를 가파르게 또는 완만하게 한다면 일부러 매수나 매도를 의도할 수 있다. 이 내용이 무슨 뜻인지 그래프를 통해서 다시 말씀드리겠다. 예를 들어 TQQQ 가격이 다음과 같은 모양으로 움직인다고 가정하자.

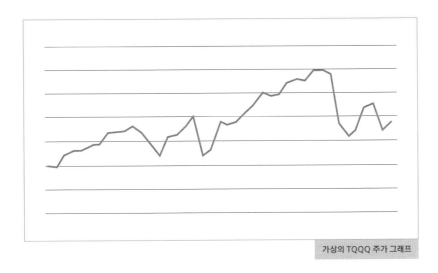

가상의 TQQQ 주가 그래프

여기서 VR 방법을 적용시켜 최소밴드, 최대밴드를 설정해보겠다. 먼저 살펴볼 것은 V의 상승률 각도가 높은 경우이다. 상승률 각도가 높기 때문에, TQQQ 그래프가 최소밴드에 먼저 닿아서, 매수가 이루어짐을 볼 수 있다. 설명을 위해 밴드를 단순화시켜 간단하게 표시했다.

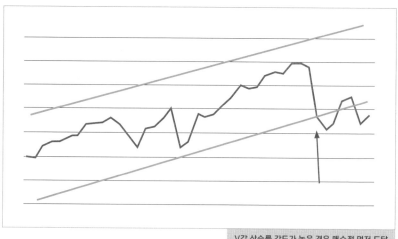

V값 상승률 각도가 높은 경우 매수점 먼저 도달

　　반대로 상승률 각도가 낮은 경우에는 같은 TQQQ 차트임에도 상승률 각도가 낮기 때문에, TQQQ 그래프가 최대밴드에 닿아서, 매도가 먼저 이루어짐을 볼 수 있다. 다시 말해 똑같은 상황이더라도 상승률의 각도, 즉 기울기에 따라서 매수가 먼저 일어날 수도 있고 매도가 먼저 일어날 수도 있는 것이다.

　　게다가 이 각도는 G값을 미리 설정함으로서 각도를 높일지 낮출지 의도할 수 있다. 예를 들면 상승률을 P/V/10로 기준을 잡는 것보다 P/V/20로 잡으면, 각도를 더 낮출 수 있다. 이로서 목표수익률을 조금 내리면서 더 안정적인 진행을 도모할 수 있다. 이제 G값의 수치가 달라질 때 각각 백테스트 결과가 어떻게 나오는지 기술할 것이다.

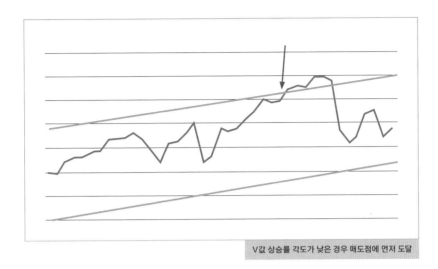

V값 상승률 각도가 낮은 경우 매도점에 먼저 도달

적립식VR, 거치식VR의 G를 10으로 잡은 이유

P가 1일 때 V가 10, G = 10이라고 가정하자. VR공식에서 1 + P/V/10
= 1 + 0.01이기 때문에, 새 V는 직전 V에 비해 1%가 상승하게 된다. 즉,
"현금과 주식의 비율이 1대 10일 때, 2주에 1% 상승을 기대한다"는 뜻이
된다. 그렇게 기대했다는 의미가 $V_2 = V_1 \times 1.01$의 수식으로 나타난다.

만약 TQQQ의 주가가 2주에 1%보다 더 높은 추세가 지속된다면,
추후 최대밴드에 닿아서 매도가 이루어질 것이고, TQQQ의 주가가 2주
에 1%보다 더 낮은 추세가 지속된다면, 추후 최소밴드에 닿아서 매수가
이루어질 것이다.

그렇다면 실제 TQQQ는 역사적으로 어떤 모습이었을까? TQQQ는

'나스닥지수'가 아니라, '나스닥100지수'를 기준으로 한 QQQ의 3배 레버리지 ETF이다. 하지만 QQQ는 1999년 초에 탄생했기 때문에 그 이전의 백테스트는 쉽지 않다. 나스닥은 1971년 초에 탄생했기 때문에, 1971년까지 백테스트 범위를 넓혀보고 싶어서 '나스닥지수'에 3배 변동성을 입혀서 51년 치의 백테스트를 진행해보았다.

1971년부터 2021년까지 51년 동안 '나스닥지수 3배 레버리지'의 2주 수익률은 다음과 같다. 백테스트 횟수는 12,846회로, 2주 간격이 존재하는 12,846일 매일매일의 2주 수익률을 모은 것이다. 예를 들면 월요일부터 2주 후까지, 또 그다음 월요일부터 2주 후까지로 끊어서 백테스트한 것이 아니라, 월요일부터 2주 후까지, 화요일부터 2주 후까지, 수요일부터 2주 후까지 등 모든 날짜를 대상으로 했다. 그 결과는 아래와 같다.

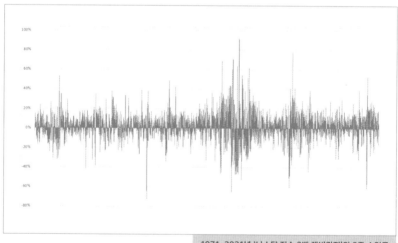

1971~2021년 '나스닥 지수 3배 레버리지'의 2주 수익률

눈치가 빠른 독자라면, 1987년 검은 월요일사태, 2000년 초반 닷컴 붕괴, 2008년 리먼 브라더스 파산, 2020년 코로나사태가 눈에 들어올 것이다. 놀랍게도 2주 수익률이 90%가 넘는 경우도 있고, -70%인 경우도 있다. 다음은 이 그래프를 토대로 수익률을 빈도별로 분류해보았다.

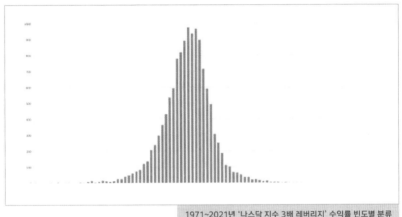

1971~2021년 '나스닥 지수 3배 레버리지' 수익률 빈도별 분류

12,846회에 걸쳐 '나스닥지수 3배 레버리지'의 2주 수익률 평균값은 1.46%이다. 모집단의 수가 충분히 많은 정규분포의 모습을 갖추고 있음을 볼 수 있다. 하지만 이 수치를 가지고 앞으로도 TQQQ의 2주 수익률을 1.46%로 기대해서는 안된다. 백테스트는 백테스트일 뿐이다. 나스닥이 가장 좋았다는 '2010년 이후'와 '2010년 이전' 데이터로 나누면 또 다른 생각이 드는 수치가 나온다. 1971년부터 2009년 말까지 39년 동안 3배 레버리지의 2주 수익률 평균값은 1.29%이며, 2010년부터 2021년 말

까지 12년 동안 3배 레버리지의 2주 수익률 평균값은 2.05%이다. 즉, 최근 10년이 그 이전에 비해 얼마나 대세 상승장이었는지 알 수 있다. 필자는 PART3에서 미국이 2010년을 기점으로 그 이전과 다른 국가가 되어가고 있다고 기술하였지만, 앞으로도 계속 2주 수익률 평균값이 2%를 유지할 수 있을지는 경계하고 있다.

만약 G = 10으로 잡으면, 장기적인 투자의 흐름이 매수보다 매도가 조금 더 이루어지는 쪽으로 의도할 수 있다. 만약 TQQQ가 2주에 1% 정도 상승하는 속도가 유지된다면, P대 V의 비율은 1대 10 정도에서 오갈 것이지만, 만약 2주에 1% 초과로 상승하게 된다면, 기대했던 V의 흐름보다 실제 TQQQ 가격이 더 상승하기 때문에 매도가 이루어지기 때문이다. 그래서 결국 P대 V의 비율은 1대 10보다 더 큰 현금 비중을 유지하게 될 것이다.

실제로 G = 10을 기준으로 VR을 진행했을 때, 2011~2020년의 10년간 P대 V는 1대 10이 아니라 1.5대 10이 나온다. 즉, 매도를 조금 더 의도했던 것에 부합하는 수치이다.

③ G가 10이 아니라면 어떤 모습일까

조금 더 공격적인 방향으로 가보자. 만약 G = 5라면 VR 진행은 어떻게 변할까?

앞선 예시와 같이 P대 V를 1대 10이라고 가정해보자. P/V/5 = 0.02이기 때문에, "현금 대 주식 비율이 1대 10일 때, 2주에 2%의 상승을 기대한다"는 것을 의미한다. 나스닥이 실제로 2주 평균 2%의 상승을 한다면, 현금 대 주식 비율은 1대 10에서 균형을 이루게 될 것이다. 반대로 나스닥이 2주 평균 1%의 상승을 한다면 TQQQ 흐름에 비해 V 각도가 더 높기 때문에 매수가 더 자주 발생하게 될 것이다.

실제로 G = 5를 기준으로 VR을 진행했을 때, 2011~2020년의 10년간 평균 현금 대 주식 비율은 백테스트상 0.9대 10이 나온다. 이는 처음에 의도했던 1대 10과 굉장히 유사한 수치이다. 왜냐하면 지난 10년간 2주 수익률이 실제로 평균 약 2%였기 때문이다.

이번에는 조금 더 안정적인 방향으로 가보자. 만약 G = 20이라면 VR 진행은 어떻게 변할까? 앞선 예시와 같이 P 대 V를 1대 10이라고 가정해보자. P/V/20 = 0.005이기 때문에, "현금 대 주식 비율이 1대 10일 때, 2주에 0.5%의 상승을 기대한다"는 것을 의미한다. 나스닥이 실제로 2주 평균 0.5% 상승한다면, 현금 대 주식 비율은 1대 10에서 균형을 이루게 될 것이다. 반대로 나스닥이 2주 평균 1%의 상승을 한다면 TQQQ 흐름에 비해 V각도가 더 낮기 때문에 매도가 더 자주 발생하게 될 것이다. G = 5일 때 예시와 정반대 상황이 된다.

실제로 G = 20을 기준으로 VR을 진행했을 때, 2011~2020년의 10년간 평균 현금 대 주식 비율은 백테스트상 2.7대 10이 나온다. TQQQ의 실제 2주 수익률 평균이 약 2%였기 때문에, 매도가 더 자주 발생해서, 현금 비중이 1대 10보다 더 높게 유지되었다는 것을 의미한다.

	G=5	G=10	G=20	G=30	G=40	G=50	G=100
V 대비	10	10	10	10	10	10	10
Pool 비율	0.9	1.5	2.7	3.8	4.7	5.4	8.2

2011~2020년 동안 거치식VR기준 현금 대 주식 평균비율

제시된 표는 G = 5부터 G = 100까지 현금 대 주식 비율의 평균을 정리한 것이다.

즉, VR 공식에서 P/V를 더 큰 수로 나눌수록 TQQQ의 상승을 의도적으로 제한했다고 보면 된다. 상승을 제한할수록 매도가 더 많이 이루어지게 되므로, 표에서 확인한 바와 같이 현금 비중이 증가함을 볼 수 있다.

하지만 평균은 어디까지나 평균에 불과하며, 상승장과 하락장이 반복되면서 각 기간 동안 현금 비중은 계속해서 변한다. 아래 그래프는 현금 비중이 기간별로 어떻게 변하는지 보여주는 그래프이다. 상승장에는

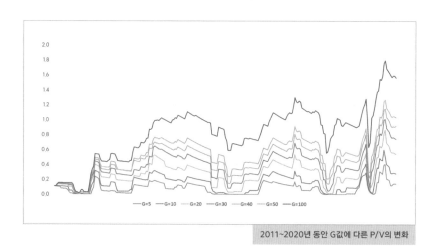

2011~2020년 동안 G값에 다른 P/V의 변화

현금 비중이 높아지고, 하락장에는 현금 비중이 낮아지는 것을 볼 수 있다. 또한 G = 5에 비해 G = 100의 현금 비중이 얼마나 높게 유지되는지도 볼 수 있다. 대신 G값이 클수록 TQQQ의 상승 추세를 제한했다는 의미이기 때문에, 수익률은 점차 낮아진다.

02 최소밴드, 최대밴드 폭의 의미

밸류 리밸런싱은 2주치 예약매매를 통해서 평가금이 최소밴드 값에 닿게 되면 매수가 이루어지고, 최대밴드 값에 닿게 되면 매도가 이루어지는 방식으로 투자를 진행하게 된다. 밴드가 존재한다는 점 때문에 흔히 '볼린저 밴드'와 비슷하다는 오해를 사기도 한다.

볼린저 밴드가 워낙 유명한 분석법이다보니, 밴드가 존재하는 다른 투자법들은 볼린저밴드와 비슷하다는 오해를 사는 경우가 종종 있다. 하지만 볼린저 밴드는 이동평균선과 표준편차를 이용한 방법이고, 밸류 리밸런싱은 V라는 밸류값을 가이드로 삼아 진행하기 때문에 두 방식은 수학적으로 전혀 관련이 없다. 심지어 볼린저 밴드에는 Pool이 존재하지 않는다는 점에서 더더욱 차이가 발생한다.

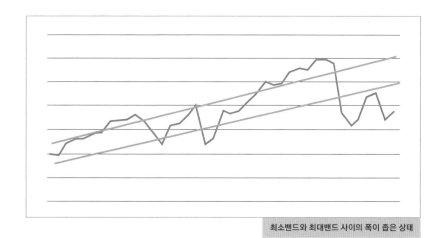

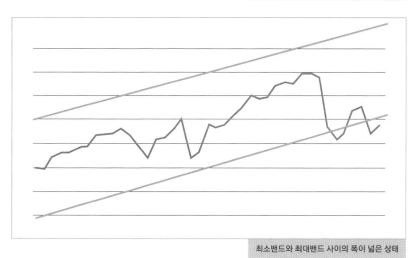

현재 가이드로 드리고 있는 최소밴드, 최대밴드의 폭은 V값을 기준으로 ±15%이다. TQQQ의 변동성과 베타값을 고려하여 매수매도가 적당히 발생하는 값을 정한 것이다. 하지만 성향에 따라 ±20%, ±15%, ±

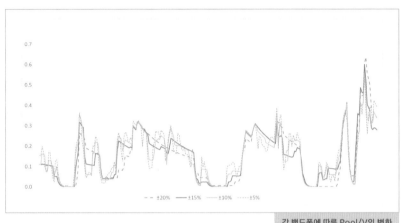

각 밴드폭에 따른 Pool/V의 변화

10%, ±5% 중에 선택 가능하다.

매수매도 폭을 어떻게 결정하느냐에 따라, 매매빈도가 어떻게 달라지는지 제시된 차트를 보도록 하자. 가상의 TQQQ 차트를 다시 활용하여 먼저 밴드폭이 좁은 그래프를 그려보자.

앞 페이지의 그래프를 살펴보면 최소최대 폭이 좁은 경우에 얼마나 잦은 매수매도가 있었을지 예상할 수 있다.

반대로 밴드폭을 넓히면 최소최대 폭이 넓어지면서 매수매도 횟수가 줄어든다.

이번에는 밴드폭에 따라 실제로 Pool이 어떤 모습으로 진행되는지 살펴보자. G = 10으로 고정해서, 상승률을 1 + P/V/10 기준으로 정하였다.

그래프에 보이다시피 전체적인 현금 비중 추세는 비슷하다고 볼 수 있다. 현금 비중이 비슷하기 때문에 수익률 또한 비슷하다. 그런데 그래프를 자세히 보면 변화가 더 심한 쪽은 ±5%이며, 변화가 덜한 쪽은 ±20%이라는 것을 알 수 있다. 이는 밴드폭이 좁을수록 매수매도가 더 자주 일어나기 때문이다.

특히 하락장이 길어질 때는 밴드폭이 좁은 ±5% 쪽에서 먼저 매도가 이루어지면서 Pool이 생성되는 것을 볼 수 있고, 밴드폭이 넓은 ±20%은 가장 늦게 매도가 이루어지는 것을 볼 수 있다. 즉 하락장 탈출은 ±5%가 가장 빠르고, ±20%가 가장 느리다.

너무 넓은 밴드폭을 추천드리지 않는 이유는 이처럼 Pool이 소진되어 현금이 없는 시간이 길어질수록 장투를 버티기 힘들어지기 때문이다. 반대로 너무 좁은 밴드폭을 추천드리지 않는 이유는, 매수매도가 너무 자주 일어나 사이클을 2주로 잡아서 느긋하게 장투를 진행하려 했던 의도가 퇴색되기 때문이다. 또한 매매가 자주 발생할수록 수수료의 영향력이 커져서, 현실에서는 백테스트보다 수익률이 조금 더 내려가게 된다. 현재 필자는 밴드폭을 ±15%로 진행하고 있다.

03 더 고수익 혹은 더 안정적으로 운용하고 싶다면

필자는 앞서 적립식VR과 거치식VR의 경우 G = 10에 해당하는 P/V/10부터, 인출식VR의 경우 G = 20에 해당하는 P/V/20부터 상승률을 설정하고 시작할 것을 가이드한 적이 있다. 이번에는 G값에 따라 CAGR과 MDD가 어떻게 변하는지 알아보자. 공식을 다시 살펴보며 G가 어디에 위치해 있는지 확인해보자.

$$V_2 = V_1 \times (1 + \frac{pool / V_1}{G})$$

먼저 2011년 초에 TQQQ 또는 QLD를 한꺼번에 매수해서 2020년 말까지 매매 없이 그대로 둔, 일반 거치식 투자의 수익률 및 위험도에 대한 백테스트 결과(종가 기준)를 보면 TQQQ의 CAGR과 MDD는 각 각 49.68%와 −69.92%이다. QLD의 CAGR과 MDD는 각각 36.19%와 −51.72%이다. 그리고 다음은 같은 기간 밴드폭 ±15% 기준으로 G = 5부 터 G = 100까지의 백테스트 결과이다.

	P/V/5	P/V/10	P/V/20	P/V/30	P/V/40	P/V/50	P/V/100
CAGR	50.9%	49.5%	46.2%	44.1%	41.9%	39.6%	34.1%
MDD	−61.1%	−58.4%	−55.7%	−52.5%	−50.0%	−47.7%	−37.7%

TQQQ는 QQQ 대비 수익률도 MDD도 3배 레버리지, QLD는 QQQ 대비 수익률도 MDD도 2배 레버리지라고 가정하고 위 수익률을 변환시키면 레버리지 비율은 다음과 같다(최소단위는 0.05 이다).

레버리지 비율	P/V/5	P/V/10	P/V/20	P/V/30	P/V/40	P/V/50	P/V/100
CAGR	3.10	3	2.75	2.60	2.40	2.25	1.85
MDD	2.50	2.40	2.20	2.05	1.90	1.80	1.25

이 수치의 의미는 G = 10인, P/V/10의 경우 수익률은 TQQQ와 거의 같고, MDD는 훨씬 줄어든다는 것을 의미한다. G = 40인, P/V/40의 경 우 수익률은 QQQ의 2.4배 레버리지로서 QLD보다 높고, 위험도는 1.9 배 레버리지로서 QLD보다 낮아진다는 것을 의미한다. 이런 식으로 수

익률과 위험도를 각자 성향에 따라 늘리거나 줄일 수 있기 때문에, VR을 잘 다루게 된다면 단순히 QLD를 무지성으로 투자하는 것보다 훨씬 더 나은 수익률과 안정성을 얻게 된다.

하지만 오해하면 안 되는 부분은, 이 수치는 2011년부터 2020년까지의 백테스트 결과이므로, 어느 시기를 백테스트 하느냐에 따라 레버리지 비율 수치는 수익률과 위험도 모두 위 도표 수치와 조금씩 달라지게 된다.

04 목돈을 추가로 넣거나 빼고 싶은 경우

적립식VR이나 인출식VR은 처음부터 계획했던 금액을 사이클마다 넣거나 빼는 것이다. 하지만 현실적으로는 갑자기 목돈이 생기거나 또는 목돈이 필요한 경우가 생긴다. 이런 경우 VR투자를 어떻게 조절하는지 설명드리고자 한다.

목돈을 VR에 추가하고 싶은 경우

김개미 씨는 적금이 만기되어 1만 달러를 VR에 추가로 투입하고 싶다. 기존 VR의 총 투자상황 대비 1만 달러가 너무 크기 때문에, 단순히 1만 달러를 TQQQ를 매수하는 데 모두 쓸 수도 없고, 그렇다고 1만 달러를 모두 Pool에 둘 수도 없다. 이런 경우는 TQQQ 평가금과 Pool의 비율만큼 TQQQ를 매수하면 된다. 예를 들어 현재 TQQQ 평가금이 1만 8,000달러, Pool이 2,000달러로, 계좌총액이 2만 달러라고 가정하자. 계좌총액 중 TQQQ 비중이 90%인 상태이기 때문에, 1만 달러를 추가투입한다면 TQQQ를 9,000달러 매수하고, Pool에 1,000달러를 추가하면 된다.

다만 V값은 다시 설정해야 하는데, 기존의 P/V를 고정시킨다는 것만 기억하면 된다. 위 예시에서 만약 V값이 2만 달러였다고 치자(보통 TQQQ 평가금과 V는 다른 값일 것이다). P/V = 2,000/20,000 = 0.1이었기 때문에 추가투입 이후에도 이 P/V는 0.1이어야 한다. 위 예시에서 Pool이 2,000달러에서 1,000달러가 추가되어 3,000달러로 변했으므로, V값은 3만 달러가 된다. 그리고 다음 사이클이 왔을 때는 마찬가지로 마지막 날 P값과, V = 30,000을 기준으로 새 V값을 정하면 된다.

목돈을 VR에서 인출하고 싶은 경우

원리는 첫 번째 예시와 똑같다. 김개미 씨는 전세가 만기되어 부족한 보증금을 구하기 위해 1만 달러를 VR에서 빼내고 싶다. 하지만 Pool에 1만 달러가 없기 때문에 TQQQ를 일부 매도하기로 했다. 이런 경우는 TQQQ 평가금과 Pool의 비율만큼 TQQQ를 매도하면 된다. 예를 들어 위 예시와 똑같이 TQQQ 평가금이 1만 8,000달러, Pool이 2,000달러로,

계좌총액이 2만 달러라고 가정하자. 계좌총액 중 TQQQ 비중이 90%인 상태이기 때문에, 1만 달러를 구하기 위해 TQQQ를 9,000달러치 매도하고, Pool에서 1,000달러를 빼내면 된다.

첫 예시와 마찬가지로 V값은 다시 설정해야 하는데, 마찬가지로 기존의 P/V를 고정시킨다는 것만 기억하면 된다. 즉 현재 사이클에서 V값이 2만 달러라서 P/V가 0.1이라면, Pool에 1,000달러가 줄어든 만큼 V수치를 낮춰야 한다. 위 예시에서 Pool이 2,000달러에서 1,000달러가 감소되어 1,000달러로 변했으므로, V값은 1만 달러가 된다. 그리고 다음 사이클이 왔을 때는 마찬가지로 마지막 날 P값과, V = 10,000을 기준으로 새 V값을 정하면 된다.

05 VR과 단투를 동시에 하는 이유

　현재 필자가 주식투자를 하는 큰 줄기는 '무한매수법'과 '밸류 리밸런싱'이다. 물론 주식투자 이외에 부동산투자나 또 투자를 하지 않는 별도의 현금도 있지만, 주식투자에 한정해서는 이 두 가지 방법을 주로 사용한다. 두 방법 모두 TQQQ 등의 3배 레버리지 ETF 종목을 기반으로 한다. 무한매수법은 단투에 해당하고 밸류 리밸런싱은 장투에 해당한다. 밸류 리밸런싱의 기본 개념에 대한 설명을 마무리하면서 단투와 장투 병행의 필요성을 간단히 언급하려고 한다.

　필자가 단투도 일정 부분 필요하다고 생각하는 이유는 크게 3가지이다.

하나, 짧은 사이클의 현금회전이 일정 부분 필요할 수 있다

보통 장투는 몇 년 단위로 기획되며, 금액이 큰 만큼 매도타이밍을 결정하기가 어렵다. 그러다 보니 실제 매도는 계획에 의해서가 아니라 갑자기 급한 돈이 필요하거나, 하락장에 무서워서 결정하는 경우가 많다. 반대로 단투는 사이클마다 종료가 되기 때문에, 새로운 사이클을 시작할 때 매수금을 줄이는 식으로 주식투자금을 조절하기가 용이하다. 특히 주식투자금에 빚이 포함되어 있다면 더더욱 장투만으로 주식투자를 이어갈 수 없다.

둘, 횡보장에 수익을 챙길 수 있다

장투는 횡보장에 아무런 수익이 없다. 하락했다 상승하는 동안 제자리걸음일 뿐이다. 하지만 무한매수법은 횡보장이나 약한 하락장에서 수익이 나기 때문에, 이 기간 동안 느끼는 소외감에서 벗어날 수 있다.

셋, 대하락장에서 오히려 손실이 적다

장투는 보통 주식에 대한 비중이 많은 상태로 진행되기 때문에, 하락장에서 손해가 크다. 반대로 무한매수법은 현금 100%에서 분할매수를 쌓아가는 방법이기 때문에 대하락장에서 장투보다 손해가 적다. 특히 무한매수법 수익을 재투자하지 않고 단리투자로 이어간다면, 이전에 쌓았던 수익을 전부 손해보는 데에 장투보다 시간이 많이 걸린다. 하지만 장투는 변동성 끌림 현상 때문에 50%가 상승했다가 30%만 하락해도 거의 본전으로 되돌아오게 된다.

하지만 단투는 장투만큼 복리효과를 누리기가 어렵기 때문에, 미래의 큰 수익을 얻기 위해서는 장투가 반드시 필요하다. 그리고 방법론을 여러 가지로 진행하는 것 자체가 위험도를 낮추는 효과가 있다. 따라서 독자분들이 다른 매매방법 여러 개를 더 능숙하게 할 수 있다면, 병행하는 것을 추천드린다. 정리하자면 단투는 현재의 현금흐름을 위해, 장투는 미래의 현금흐름을 위해 필요한 투자라고 보면 된다. 현재가 중요한지 미래가 중요한지는 각자 상황에 따라 다르기 때문에, 상황에 맞춰 투자액을 분산하면 된다. 단투를 하지 않거나 또는 장투를 하지 않는다고 해서 잘못된 것이 아니며, 성향이나 상황에 따라 단투가 맞지 않거나, 장투가 맞지 않을 수 있다. 자신의 상황에 맞춰서 실행하는 것이 가장 좋은 방법이다.

밸류 리밸런싱의 한계

모든 투자방법은 상황에 따른 한계가 있다. '워런 버핏의 슈퍼 매매 법'이라고 할지라도 모든 상황을 극복할 수 있는 것은 아니다. 따라서 당신이 앞으로 어떤 투자법을 접하게 되더라도, 한두 가지 투자법에 전 재산을 올인해서는 안 된다. 즉 투자법 자체를 분산하는 것 자체가 리스크를 감소시키는 효과가 있다. 밸류 리밸런싱도 마찬가지로 밸류 리밸런싱 방법론 하나에 전 재산을 올인하는 것을 추천하지 않는다. 특히 큰 자금을 운용할수록 더더군다나 그렇다.

TQQQ 밸류 리밸런싱의 가장 큰 위험성은 TQQQ 기반이라는 것이다. TQQQ는 3배 레버리지 ETF이다. 밸류 리밸런싱 방법을 통해 위험도를 낮춘다고 해서 3배 레버리지의 위험성을 1배 레버리지로 낮추지는 못한다. 그리고 나스닥에 한정되는 큰 위기가 왔을 때 그 위기를 극복하기가 어렵다. PART5에 걸쳐서 밸류 리밸런싱의 장점 및 특징에 대해서 설명드렸지만 아쉽게도 닷컴버블을 극복하지는 못한다. 즉, 밸류 리밸런싱은 미국의 나스닥 기업들에 대한 투자를 조금 더 효율적으로 하고자 만든 방법인 만큼, 닷컴버블같이 나스닥 전체가 심각하게 무너져 내리는 분위기에서도 수익을 내는 방법은 결코 아니라는 것을 다시 한번 강조하고 싶다.

사실 유튜브를 통해 '닷컴버블 시기를 극복하느냐'는 질문을 정말 많이 받았다. 그때마다 필자는 '극복하지 못한다'고 답변드리곤 했다. 그러자 돌아오는 반응은 '극복 못하는데 무슨 의미가 있냐'는 댓글이었다. 즉, 많은 사람들은 닷컴버블을 극복하지 못하면 그 어떤 방법론도 의미가 없다고 생각하는 듯하다. 사실 닷컴버블 시기도 극복하게 만들 수는 있다. 이미 알고 있는 지나간 사건을 참고하여 특정 수치를 만들면 그만이다. 하지만 그렇게 만들어서 닷컴버블을 돌파한다 한들, 그 방법론이 현재에 무슨 의미가 있을까? 이런 방식을 '과최적화'라고 한다. 미래에 닷컴버블과 똑같은 차트 흐름은 다시는 오지 않는다. 다른 위기가 온다고 해도 다른 모습의 차트가 생길 뿐이다.

그럼에도 필자가 VR투자법에 큰돈을 투자하는 이유는, PART5 1장에서 설명한 리밸런싱 효율 때문이다. 일반적으로 SPY나 QQQ 같은 1배 레버리지 투자를 잘못된 투자라고 하지 않는 이유는, 변동성이나 위험도가 크지 않은 편이기 때문이다. 반대로 2배, 3배 레버리지 투자는 변동성이 크기 때문에 잘못된 투자라는 인식이 있다.

밸류 리밸런싱은 현금과의 리밸런싱을 통해 변동성을 줄이는 것에 그 의도가 있다. TQQQ를 다루더라도 현금을 충분히 확보하고 있다면 QQQ의 수준으로 변동성을 낮추면서 수익률은 QQQ보다 우위에 있게 만들 수 있다. 밸류 리밸런싱을 깊게 이해하고 계신다면 수익률과 변동성을 자유롭게 조절할 수 있다. 따라서 SPY나 QQQ 장기투자를 긍정적으로 생각하고 있다면 밸류 리밸런싱 방법에 관심을 가지고 공부해보셨으면 좋겠다. 장기투자의 효율을 얻는 것은 물론이거니와, 상승장에 일부 매도를 하고 하락장에 일부 매수를 하면서 장기투자를 진행하는 재미 또한 얻을 수 있을 것이다.

PART 7

VR

밸류 리밸런싱
실력공식편

VALUE REBALANCING

01 기본공식의 장점 및 한계

이번에 다룰 내용은 앞서 잠깐 언급했던 '실력공식'에 대한 내용이다. 한꺼번에 PART7까지 모두 이해하기엔 난도가 있기 때문에, 앞서 설명드린 기본공식에 대한 내용이나 진행과정을 충분히 이해하고 실력공식으로 넘어갈 것을 추천드린다. 또한 기본공식만으로도 충분히 효율적인 투자가 가능하기 때문에, 초반부 몇 사이클을 기본공식으로 진행하면서 VR의 진행과정을 간단하게 먼저 체험해보면 실력공식을 이해하기가 훨씬 더 수월해질 것이라고 생각한다.

만약 아직 VR을 한 번도 진행해본 적이 없는 독자분이라면 이 부분은 일단 덮어두고 다음으로 미루자. 기본공식만으로도 VR을 진행하기에 크게 무리가 없다. 앞서 백테스트 결과에서 알 수 있듯이 단순 현금 리밸런싱에 비해 효율이 꽤 괜찮게 나오기 때문이다.

이제부터 기술될 내용들은 앞서 설명드렸던 기본적인 VR 방법론에 대해서 충분히 이해했다고 가정하고 적을 것이다.

① 기본공식의 장점

$$V_2 = V_1 \times 상승률 \pm (적립금 or 인출금)$$

$$V_2 = V_1 \times (1 + \frac{pool / V_1}{G}) \pm (적립금 or 인출금)$$

$$= V_1 + \frac{pool}{G} \pm (적립금 or 인출금)$$

기본공식의 가장 큰 장점은, 계산이 단순하다는 것이다. 공식의 둘째 줄까지는 껄끄럽게 보일 수도 있지만, 괄호가 풀리면서 셋째 줄 공식으로 정리되면 공식 자체가 굉장히 간단해진다.

적립식VR, 거치식VR은 G = 10으로, 인출식VR은 G = 20으로 G값을 정하고 진행할 수 있기 때문에, V_2를 구하기 위해서 필요한 값은 오로지 Pool 뿐이다. 예를 들어 직전 V값이 9,000달러이고, Pool이 1,000달러인 거치식 VR을 진행 중이라면, 다음 V값은 9,000 + 1,000/10 = 9,100이 된다. 이렇게 사이클 마지막 날의 Pool만 알고 있으면 새로운 V값을 정하는 것은 매우 간단하다. 하지만 정말 이렇게 간단한 공식만으로도 TQQQ 장투를 보다 효율적으로 컨트롤할 수 있는 것 또한 사실이다.

② 기본공식의 한계

하지만 이 기본공식에는 간단한 만큼 한계가 있다. 이미 눈치를 채신 분도 있을 것이다. 기본공식에서는 상승률이 1보다 작아지는 일이 없다. 정확히는 적립식VR과 거치식VR에서는 새 V값이 직전 V값보다 작아지는 일이 없고, 인출식VR에 한해서만 Pool이 거의 소진되었을 때 인출되는 금액만큼 새 V값이 직전 V값보다 작아진다.

만약 TQQQ가 잠깐 잠깐의 조정장을 거치면서 다시 회복될 때는 이 기본공식의 한계가 드러나지 않는다. 하지만 2018년이나 2022년 같은 장기하락장에서는 기본공식의 한계가 여실히 드러난다.

2018년 말에 수개월 동안 지속되었던 장기 하락장을 포함한 전후 시기의 차트를 보자. 하락장 직전의 상황부터 살펴보면, 하단에 Pool이 있었기 때문에 어느 정도 각도의 기울기를 가지고 V가 진행되어가는 모습을 볼 수 있다(왼쪽에 표시된 범위).

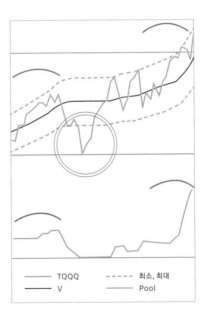

그러다가 TQQQ가 크게 하락하면서 매 사이클마다 매수가 이어지기 시작한다. Pool은 매수에 사용된 만큼 줄어들다가 하락장이 길어지면서 소진을 맞이하

게 된다. 즉 남은 현금이 없다는 의미이다. 그런 상황임에도 불구하고 빨간 동그라미 부분을 살펴보면 TQQQ 평가금이 최소밴드보다 한참 아래에 위치하고 있음에도, V와 최소밴드, 최대밴드는 수평으로 유지되고 있음을 볼 수 있다. 그리고 다시 TQQQ가 반등하면서 최대밴드에 닿게 되었고, 매도가 발생하면서 Pool이 다시 생기고, 그만큼 V 각도가 상승하는 것을 볼 수 있다. 이때 투자를 하지 않았다면 별다른 감정이 들지 않겠지만, 당시는 10년 만에 찾아온 긴 하락장이있다.

다시 TQQQ가 반등했기 때문에 위 그래프가 그렇게 어색한 느낌이 들지 않지만, 만약 하락장이 더 길어졌거나, 하락한 위치에서 횡보했으면 어땠을까? 여전히 TQQQ 평가금은 최소밴드 아래에 위치되어 있고, 최소밴드는 평행하게 유지되고 있을 것이다. 즉 하락장이 길어질수록 TQQQ 평가금과 최소밴드 사이의 괴리가 커진다. 이는 VR의 기본공식이 논리적으로 부족하다는 느낌을 줄 수밖에 없는 현상이다. 하지만 이렇게 괴리가 길어질 정도로 큰 하락장이 자주 오지는 않기 때문에, VR에 쉽게 익숙해지기 위해서 초반 몇 사이클은 기본공식으로 진행하는 것을 추천드린다.

02 실력공식 계산법

앞서 설명드렸던 VR의 기본공식은 괄호를 모두 풀었을 때 다음과 같다

$$V_2 = V_1 + \frac{pool}{G} \pm (\text{적립금or인출금})$$

그리고 필자가 가이드하는 실력공식 계산법은 아래와 같다

$$V_2 = V_1 + \frac{pool}{G} + \frac{(E-V_1)}{2\sqrt{G}} \pm (\text{적립금or인출금})$$

언뜻 보면 복잡해 보이지만, 추가된 변수는 E 하나뿐이다. G값은 앞서

설명드렸던 것처럼 10 또는 20 등의 정해진 수치로 가이드했기 때문이다.

여기서 E란 evaluation을 뜻하며, 이 책에서는 '2주 사이클이 종료된 후 TQQQ 평가금'을 의미한다. PART4 방법론에서 예시를 드렸던 정리 표상의 '마지막 평가금'을 뜻한다. 즉, V값을 결정하는 요소에 Pool뿐만 아니라, 주식평가금을 추가했다는 것을 의미한다.

이 수식이 실제로 어떻게 적용되는지 예시를 통해 알아보자.

① 큰 하락장의 경우

앞서 140쪽에서 설명한 거치식VR에서 살펴보았던 '매수가 이루어 질 정도로 큰 하락장인 첫 번째 예시'를 다시 가져왔다.

	시작 평가금	마지막 평가금	V	최소밴드	최대밴드	시작 Pool	마지막 Pool
1사이클	18,300	18,900	18,300	15,555	21,045	2,000	2,000
2사이클	18,900	16,380	18,500	15,725	21,275	2,000	1231.51

이제부터 실력공식을 이용해 V_3을 계산해볼 것이다. 추가된 변수 E 는 16,380달러라는 것이 정리표 2사이클에 적혀 있다. 이제 E = 16,380을 가지고 실력공식을 적용해보자.

$$V_3 = V_2 + \frac{pool}{10} + \frac{(E - V_2)}{2\sqrt{10}}$$

여기서 붉은색으로 표시된 부분을 따로 계산하면, $(16{,}380 - 18{,}500)/2\sqrt{10} \approx -335.2$이다. 따라서 $V_3 = 18{,}500 + 1231.51/10 - 335.2 \approx 18{,}287.95$달러이다. 이렇게 정해진 새로운 V값을 기준으로 최대밴드, 최소밴드도 새로 계산한다.

최소밴드 $= V_3 \times 0.85 = 18{,}287.95 \times 0.85 \approx 15{,}544.76$

최대밴드 $= V_3 \times 1.15 = 18{,}287.95 \times 1.15 \approx 21{,}031.14$

이로서 3사이클 시작 시 정리표는 다음과 같다.

	시작 평가금	마지막 평가금	V	최소밴드	최대밴드	시작 Pool	마지막 Pool
1사이클	18,300	18,900	18,300	15,555	21,045	2,000	2,000
2사이클	18,900	16,380	18,500	15,725	21,275	2,000	1,231.51
3사이클	16,380	–	18,287.95	15,544.76	21,031.14	1,231.51	–

기본공식을 적용했던 V_3값은 18,623.15달러였다. 그리고 실력공식을 적용한 V_3값은 표에서 보다시피 18,287.95달러이다. 기본공식 예시에서 한 번도 보지 못했던 현상이 발생했다. 바로 V값이 내려간 것이다. 마지막 평가금이 크게 하락했기 때문에, 그 부분이 수식으로 반영된 것이다.

이 이후로 진행되는 과정은 PART4에서 설명드렸던 방법론과 똑같다. 매수표, 매도표를 만들고 2주치 예약매매를 미리 걸어놓으면 된다.

② 큰 상승장의 경우

142쪽에서 설명한 거치식VR에서 '매도가 이루어 질 정도로 큰 상승장인 두 번째 예시'를 다시 가져와 보자. 정리표는 다음과 같다.

	시작 평가금	마지막 평가금	V	최소밴드	최대밴드	시작 Pool	마지막 Pool
1사이클	18,300	18,900	18,300	15,555	21,045	2,000	2,000
2사이클	18,900	20,650	18,500	15,725	21,275	2,000	2,356.97

이제부터 실력공식을 이용해 V_3값을 계산해볼 것이다. 추가된 변수 E는 20,650달러라는 것이 정리표에서 2사이클에 적혀 있다. 이제 E = 20,650을 가지고 실력공식을 적용해보자.

실력공식에서 별색으로 추가된 부분을 따로 계산하면, $(20,650 - 18,500)/2\sqrt{10} \approx 339.94$이다. 따라서 $V_3 = 18,500 + 2356.97/10 + 339.94 \approx 19,075.64$달러이다. 이렇게 정해진 새로운 V값을 기준으로 최대밴드, 최소밴드도 새로 계산한다.

최소밴드 $= V_3 \times 0.85 = 19,075.64 \times 0.85 \approx 16,214.29$

최대밴드 $= V_3 \times 1.15 = 19,075.64 \times 1.15 \approx 21,936.99$

이로서 3사이클 시작 시 정리표는 다음과 같다.

	시작 평가금	마지막 평가금	V	최소밴드	최대밴드	시작 Pool	마지막 Pool
1사이클	18,300	18,900	18,300	15,555	21,045	2,000	2,000
2사이클	18,900	20,650	18,500	15,725	21,275	2,000	2,356.97
3사이클	20,650	–	19,075.64	16,214.29	21,936.99	2,356.97	–

기본공식을 적용했던 V_3값은 18,735.7달러였다. 그리고 실력공식을 적용한 V_3값은 표에서 보다시피 19,075.64달러이다. 이처럼 큰 상승장에서는, 기본공식보다 실력공식에서 V값이 더 크게 상승함을 알 수 있다.

이 이후로 진행되는 과정은 기본공식에서 설명드렸던 방법론과 똑같다. 매수표, 매도표를 만들고 2주치 예약매매를 미리 걸어놓으면 된다. 적립식VR이나 인출식VR의 경우 또한 똑같이, 수식의 가장 마지막에 ±적립금 혹은 ±인출금을 반영하면 된다.

03 실력공식의 특징

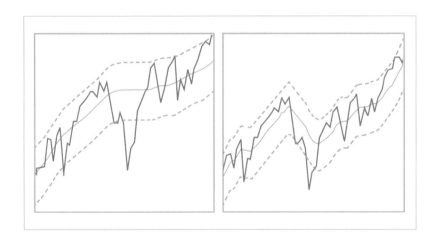

위 차트 두 개를 비교해보자. 왼쪽은 기본공식 VR이며, 오른쪽은 실

력공식 VR이다. 잠깐 살펴봐도 오른쪽이 더 다이내믹한 흐름을 보이고 있음을 알 수 있다. 실력공식이 적용된 VR의 특징은 다음과 같다

하나, 하락장에서 V의 기울기가 아래로 내려가는 경우가 발생한다.

1장에서 기본공식의 한계에 대해서 설명드렸던 내용과 같이, 왼쪽 차트에서는 V의 기울기가 아래로 내려가지 않음을 볼 수 있다. 하지만 하락장이 길어지면, 논리적으로 미흡한 상황이 연출된다. V와 실제 차트 사이의 괴리가 커지기 때문이다.

하지만 오른쪽 차트에서는 하락이 클수록 V의 기울기가 아래로 내려가고 있으므로, 논리적으로 더 완성도가 높다고 볼 수 있다.

다만 기울기가 아래로 내려갈 수 있다는 성질 때문에, 큰 하락장이 왔을 때 자신이 매수했던 TQQQ 평균단가보다 더 낮은 가격에 매도를 해야 하는 하는 경우가 생길 수 있다. VR의 공식을 다시 살펴보면 나의 평균단가가 반영되어 있지 않은 것을 볼 수 있다. 이는 일부러 의도한 것으로, 실제로 시장의 움직임은 내가 매수한 평균단가와 관련이 없기 때문이다. 따라서 밸류 리밸런싱 진행과정에서 나의 평균단가보다 낮더라도 매도점이 오면 매도를 실행해야 하고, 나의 평균단가보다 높더라도 매수점이 오면 매수를 실행해야 한다. 기분에 따라 규칙을 변경한다면 밸류 리밸런싱 투자를 실행하고 있다고 보기 어렵다.

둘, 매수매도가 덜 발생한다

실력공식에서는 새로운 V값 계산 시 마지막 날 평가금의 영향을 받는다. 즉, 마지막 날 평가금이 직전 V값보다 위에 있느냐 아래에 있느냐에 따라 새로운 V값에 더 다이내믹하게 반영이 된다. 반대로 기본공식에서는 매수나 매도가 이루어지기 전까지는 Pool에 변화가 없기 때문에, 반영이 한 발자국 느린 경향이 있다. 다만 반영이 빠르거나 느리다는 것이 반드시 수익률이 더 높거나 낮음을 뜻하지는 않는다. 실제로 백테스트를 했을 때 수익률은 실력공식VR 쪽이 아주 미세하게 높았으나, 그만큼 위험도도 미세하게 증가하였다. 어차피 수익률이나 위험도는 G값으로도 조절할 수 있기 때문에, 수익률과 위험도가 같이 증가하는 것이 장점이라고 보기는 어렵다. 하지만 반영이 조금 더 빠른 경향 때문에, 상승장에서 매도가 덜 되고, 하락장에서 매수가 덜 된다. V가 먼저 상승해 있거나 또는 먼저 하락해 있기 때문이다. 매수매도가 덜 발생한다는 것은 수수료 측면에서 볼 때 확실히 장점이다.

셋, 하락장에서 현금이 더 늦게 소진되며, 회복장에서 더 빠르게 탈출한다

실력공식VR에서는 큰 하락장에 V값이 내려가기 때문에, 매수되면서 현금이 사용되는 시점이 기본공식VR보다 늦게 오기 시작한다. 그리고 그 이후로도 계속 V값이 내려가기 때문에 다시 차트가 회복할 때는 최대밴드에 닿는 시기가 더 빨리 온다. 즉, 현금확보가 더 빨라진다. 이런 특징은 장투를 이어가는 데에 심리적인 안정을 준다. 아무리 규칙대로 장투를 이어간다고 해도 현금이 소진된 상태가 길어지는 것은 마음이 편하지 않기 때문이다.

여러 하락장으로 백테스트를 해본 결과, Pool이 소진된 상태는 실력공식 VR 쪽이 항상 더 짧았으며, 매도가 한층 빨리 이루어지면서 Pool이 생기기 시작한다. 하지만 그만큼 매도지점이 낮기 때문에 이 현상이 수익률을 올리는 것은 아니다.

실력공식이 만들어진 과정

VR을 개발하면서 내내 고민했던 부분은 'V값이 하락하는 경우도 있어야 한다'는 부분이었다. 필자가 운영 중인 네이버 카페에 오래 계신 분들은 아시겠지만, VR의 기본개념은 유지되었지만 V값을 계산하는 방법은 조금씩 변해왔다.

책은 한번 출간하고 나면 수정이 굉장히 어렵기 때문에, 최대한 출간하기 전에 모든 상황을 마무리하고 싶었다. 그래서 책 출간을 앞두고 V값을 하락시키는 방법에 대해서 고민이 깊어져 갔다.

시작은 다음과 같았다.

$$V_2 = V_1 + \frac{pool}{G} + \bigstar$$

이렇게 우선 구성해놓고, 이 ★ 부분을 어떻게 만들지 고민했다. 먼저 생각한 것은 평가금과 V값의 괴리를 반영해야 하기 때문에, E - V에 대한 요소를 ★에 넣는 것이었다. 그것은 (E - V)로 간단하게 반영된다. 하지만 이 부분을 어느 정도의 영향력으로 넣어야 할지 고려해야 했다.

필자는 Pool/G 부분과 ★ 부분을 평균적으로 비슷한 영향력이 되도록 만들고 싶었다. 즉, Pool/G≈(E - V)/□로 설정하고, 분모의 □ 부분을 어떻게 설정해야 할지가 관건이었다.

필자는 공식을 정리하면서 Pool/G 부분과 ★ 부분에 그나마 비슷하게 영향을 줄 수 있는 □값은 2√G는 것을 알게 되었다. 이 계산은 이미 필자에게 기본공식VR에 대한 풍부한 백테스트가 이미 있었기 때문에 가능했던 것이었다. 특히 PART6 1장에 소개한 각 G마다 P/V의 비중값 백테스트가 결정적인 도움을 주었다.

	G=5	G=10	G=20	G=30	G=40	G=50	G=100
V 대비	10	10	10	10	10	10	10
Pool 비율	0.9	1.5	2.7	3.8	4.7	5.4	8.2

2011~2020년 동안 거치식 VR 기준 현금 대 주식 평균비율

필자가 정한 $(E-V)/2\sqrt{G}$ 부분은 G=5부터 G=100 또는 G=1,000이라고 할지라도 두루 적용하는 데에 무리가 없다는 것을 확인하였다.

조금 더 부연하자면 Pool/G 부분과 ★ 부분에 비슷한 영향을 주게 만드는 것은 필자가 정한 것일 뿐이다. 여기서 □를 어떻게 설정하느냐에 따라 Pool/G 부분 또는 ★ 부분에 더 가중을 줄 수도 있다. ★ 부분의 영향력이 커질수록 V의 모습은 장세에 따라 더 다이내믹해지며, ★ 부분의 영향력이 작아질수록 V의 모습은 장세에 따라 덜 다이내믹해진다.

예를 들어 □가 2√G가 아니라 √G로 둔다면, V는 더 다이나믹해지며, 3√G로 두면 덜 다이내믹해진다. ★부분이 없으면 기본공식이 된다. 따라서 본인의 성향에 따라서 ★을 변형시키는 것도 가능하다.

PART 8

VR

FIRE와 라오어의 은퇴 프로젝트

VALUE REBALANCING

01 FIRE가 뭐길래

FIRE, 즉 파이어는 Financial Independence Retire Early의 약자로, 젊을 때 경제적 독립을 이루고 은퇴하는 것을 의미하는 신조어이다. 아마 이 책을 읽는 대부분의 독자는 FIRE라는 단어를 이미 알고 있을 것이다. 유튜브에 '파이어족'이라고 검색하면 수많은 파이어족들의 생활을 볼 수 있다.

이 책은 3배 레버리지인 TQQQ 투자를, 그것도 장투를 주제로 집필한 것이다. 아무도 장투하지 말라던 그 위험한 3배 레버리지 말이다. 어떻게 보면 누구보다도 'Early Retire'를 원하는 분들이 이 책을 선택했을 것이라고 생각한다. 필자 또한 '은퇴'라는 단어에 걱정보다는 설렘을 느끼는 아직은 젊은 나이라고 생각한다. 일하지 않고 논다니! 상상만 해도 얼마나 좋은가.

다시 돌아와서, FIRE란 무엇일까? 지금 다니는 회사를 퇴사하고 내가 하고 싶은 자영업을 하는 것을 FIRE라고 하는 사람도 있다. 하지만 그것은 자영업이지 FIRE가 아니다. 자영업을 실제로 해보면 내가 상상하던 것과는 어마어마하게 다른 현실을 직면하게 된다.

필자가 생각하는 FIRE 상태란 경제적인 활동을 군이 안 해도 되는 상황이다. 돈이 너무 많아서 그냥 있는 돈을 쓰면서 살아도 상관이 없든지, 아니면 모은 자금이 크지 않더라도 소비를 줄이든지, 아니면 노동을 안 해도 자동으로 현금 흐름이 창출되는 파이프라인이 있든지 등 여러 가지 형태가 있을 것 같다. 예를 들어 회사를 퇴사하고 카페를 차리는 것이 꿈이었다고 한다면, 카페 매출과 지출이 같아서 소득이 없어도 괜찮아야 할 것이다. 유튜브를 하는 것이 꿈이었다고 한다면, 노력에 비해서 조회 수가 얼마 나오지 않거나, 구독자 수가 늘지 않아서 수입이 거의 없어도 괜찮아야 할 것이다. 즉 나의 노동으로 인한 수입이 없어도 괜찮은 상태가 FIRE라고 생각한다.

하지만 회사를 퇴사하고 설령 내가 하고 싶었던 카페 운영이나 유튜브 제작을 한다고 할지라도, 이 일로 반드시 수익을 내야 하는 상황이라면 'FIRE'를 달성했다고 부르기는 어려울 것 같다. 실제로 네이버에 검색해보면, 자신이 FIRE 상태라고 하면서도 노후에 불안감을 느껴 근로자일 때보다 더 열심히 자영업을 하거나, 더 열심히 유튜브를 하는 사람도 있다. 그런 모습은 일반적인 사람들이 상상하는, 'FIRE란 시간의 자유를 누리는 것'과는 다른 것 같다.

FIRE에 도달하려면 얼마가 필요할까

그렇다면 파이어족에 도달하려면, 어느 정도 경제적 자유에 도달하려면, 경제적인 소득이 없어도 괜찮으려면 정말 얼마의 돈이 필요할까?

사실 이 부분은 사람마다 편차가 너무 크기 때문에 정확히 얼마라고 정의하기는 정말 어렵다. 먼저, 결혼을 했거나 할 예정인지에 따라 갈리고, 또 자녀를 가졌거나 가질 것인지에 따라 갈리고, 또 거주지에 따라 갈리고, 소비패턴에 따라 갈린다.

지극히 필자를 기준으로 현실적으로 적어보겠다. 서울 변두리에 거주하고 있고, 40대가 넘어서 처음으로 자가를 소유하게 되었다. 아이는 미취학 아동 두 명이 있으며, 초중고를 거치는 동안 교육비가 어느 정도 들지 정확히 알지 못한다. 배우자와 필자는 명품 쪽은 잘 모르고 관심이 많지도 않다. 생활비의 대부분은 식비이다. 특히 20대에 과일을 거의 먹지 못했던 한이 있어서, 현재 아이들과 부부의 건강을 위해 과일에 쓰는 돈은 아끼지 않는 편이다. 과일 섭취는 현재 필자가 가장 사치를 부리는 부분이라고 볼 수 있을 것 같다. 취미를 위한 소비는 거의 없고, 1년에 두 차례 해외여행을 다닐 것 같다. 이런 생활패턴을 감안해서 현재 물가기준으로 봤을 때, 빚 없이 최소한 한 달에 세후 1,000만 원 이상은 안정적으로 현금이 수급되어야 FIRE를 생각해볼 수준이라고 생각한다. 당연히 더 많으면 더 좋을 것이다.

인플레이션이 반영되어야 하므로 현재 1,000만 원 기준이라면, 10년 뒤에는 1,500만 원, 20년 뒤에는 2,000만 원 정도는 매달 수급되어야 할 것이다. 이렇게 돈이 회전하기 위해서는 부동산에서는 아파트 같은 '차익형 부동산'이 아닌 상가나 오피스텔 같이 매달 월세가 나오는 '수익형 부동산'이 필요하고, 주식에서는 성장주보다는 배당주가 필요하다고 볼 수 있다.

필자가 VR을 기획한 이유는 바로 인출식VR로 현금흐름을 창출하기 위해서이다. 적립식VR과 거치식VR을 거쳐 어느 정도 계좌가 든든해진 다음에 인출식VR로 넘어가게 되면, 평단과 한참 멀어져 있기 때문에 심리적으로도 우위에 있고, 만족할 만큼의 액수를 매달 인출하는 데에 무리가 없다고 생각하기 때문이다. 그렇게 무한매수법과 배당주와 인출식VR 등으로, 또 투자분산을 위해서 수익형 부동산 등 여러 가지 방법으로 현금흐름을 창출해내려고 계획하고 있다.

또 한 가지 말씀드리자면 필자가 유튜브를 통해서 '월 50만 원으로 10억 원 만들기' 프로젝트를 적립식VR을 통해 보여드리는 이유는, 인출식VR을 시작하기 위한 최소 금액이 10억 원 정도라 보기 때문이다. 즉, 이 정도 금액으로 보다 안정적인 방식으로 인출식VR을 운영한다면, 경제적 자유를 위한 현금흐름 창출에 더 가까이 다가가리라 생각한다.

02 진짜 FIRE의 현실은 만만치 않다

경제적 자유를 위한 투자에 대한 필자의 생각에 이어 다시 FIRE 이야기로 돌아오자면, 파이어족이 부러움을 사는 이유는 일을 하지 않아서도 아니고 빈둥빈둥 놀아서도 아니다. 오히려 파이어족이 된 이후로 더 바쁘고 부지런하게 살아가는 사람이 많다. 필자가 생각하는 파이어족이 부러움을 사는 이유는 다음과 같다.

첫째로, 하고 싶은 일을 할 수 있다. 즉, 하기 싫은 일을 하지 않아도 된다. 둘째로, 만나고 싶은 사람을 만날 수 있다. 즉, 만나고 싶지 않은 사람을 만나지 않을 수 있다. 셋째로, 가고 싶은 곳에 언제든 갈 수 있다. 특히 사람이 붐비지 않는 평일 낮 시간대를 이용할 수 있으며, 이때는 비용이 더 저렴해지기도 한다. 이런 요소들은 FIRE를 달성하지 않으면 얻을 수 없는 것이기 때문에, 파이어족이 된 걸 상상하는 것만으로도 사람들은 행복감을 느끼게 된다.

하지만 정작 파이어족이 되면 어떤 기분일까. 미취학 시기는 기억이 잘 나지 않고, 학창시절에 이어 사회인이 된 지금에 이르기까지, 우리는 살면서 어마어마한 시간의 자유를 경험해보지 못했다. 시간의 자유는 행복을 주기도 하겠지만, 반대로 감당할 수 없는 다른 감정을 줄 수도 있다.

그리고 소속감이 사라지는 것만으로도 큰 상실감을 느낄 수도 있다. 내가 소속돼 있던 직장이 곧 내가 살아온 궤적을 반영하는 요소 중 하나였고, 직장에서 인간관계가 힘들지언정 최소한 심심할 틈을 주지는 않았다. 하지만 은퇴하게 되면 회사와 나와의 관계, 동료와 나와의 관계 등 모든 관계가 끊어진다. 이 단절이 즐거울 수도 있지만, 마음 한편에 그리움이 남게 될 수도 있다.

일하면서 느끼는 노동 자체에 대한 성취감 또한 무시할 수 없는 요소이다. 일하지 않고 생활하는 것도 즐거울 수 있지만, 반대로 일을 하지 않는 것만으로도 자존감이 떨어질 수 있다. 아무리 돈이 많아도 말이다. 그리고 적당한 긴장감이 오히려 건강을 유지시켜준다는 말이 있는 것처럼 은퇴 후에 무기력을 느끼고 빨리 늙어가는 기분이 들기도 한다.

가장 큰 문제는 조기은퇴 후 반드시 행복해야 한다는 압박감이 생기기 시작한다는 것이다. 젊은 나이에 더 많이 벌 수 있는 돈을 포기하고 행복을 추구하기로 한 이상, 행복마저 얻지 못한다면 사실상 이도 저도 아니게 되기 때문이다. 그리고 어떤 사람은 파이어족이 되지 못한 누군가의 삶을 불쌍하다고 여김으로써, 본인이 상대적으로 행복하다고 착각할 수도 있다.

따라서 파이어족이 되려면 미리 철저하게 준비해야 한다. 단기계획, 중기계획, 장기계획을 세우고 실행하면서 자존감이 떨어지지 않도록 노력해야 한다. 퇴사 후 느끼는 행복은 채 한 달도 가지 않을 것이기 때문이다.

FIRE를 하고 나서야 시작되는 고민들

보통의 고등학생은 수능을 잘 보거나 내신을 잘 관리해서 '좋은 대학에 입학하는 것'을 목표로 학창시절을 보내게 된다. 하지만 정작 대학 생활을 어떻게 보낼 것인지는, 고등학생 때 고민하지 못하는 경우가 대부분이다. 적성보다는 성적에 맞춰서 대학을 가는 경우가 많기 때문에, 뒤늦게 적성과 맞지 않아 방황하기도 한다. 결국 늦은 나이에 진로를 바꾸는 경우도 있고, 또는 꿈을 좇지 않고 현실과 타협하여 살아가는 경우도 있다.

파이어족도 마찬가지라 본다. 파이어족에 대한 많은 후기들을 살펴보면 많은 사람들이 파이어족이 되고 싶어 하지만, 정작 이후의 삶에 대해서는 구체적으로 고민하지 않은 경우가 많다. 단순히 그 자체만 목표로 삼았을 뿐이다. 여행을 간다거나 책을 많이 읽는다, 정도의 계획으로는 턱없이 부족할 정도로 시간이 남아돌게 된다. 그래서 파이어족을 계획하고 준비하고 상상하는 자체에 행복감을 느끼다가도, 막상 파이어족에 돌입하는 시점이 다가올수록 불안감에 빠지게 된다. 고등학생 때도 제대로 고민하지 못했던 자신의 '적성'을 40~50대가 넘어서 다시 고민하게 될 수도 있다.

자녀가 있는 경우에는 더 고민이 많다고 한다. 자녀 입장에서 사회생활을 하지 않는 부모를 어떻게 바라볼까? 아이가 자라서 부모를 타인에게 소개할 때 "우리 부모님은 돈이 많아서 여행 다니고 놀러 다녀"라고 말하는 것을 바라는 부모는 없을 것이다. 파이어족 상태에서는 자녀에게 모범이 되는 모습을 보이는 것이 더 어려워진다.

그렇다면 다시 원점으로 돌아와서 학창시절의 나를 떠올려보자. 열여덟 살의 나는 사회에 대해서 아무것도 모르는 상태였지만, 이제 돈도 벌어봤고 어느 정도 사회생활도 해봤다. 이런 경험을 내 머릿속에 간직하고 있는 상태에서 다시 내 적성을 찾는다면, 나는 어떤 일을 해보고 싶은가? 나의 재능은 무엇인가? 이렇게 평소에는 일상에 지쳐 고민하지 않았던 철학적인 주제를 다시 고민해야 하는 순간이 오게 된다. 계획했던 시간이 다가올수록 이런저런 고민이 많아지고, 결국 파이어족을 포기하고 그냥 일을 지속하기로 하는 경우도 많다. 사회에서 어떤 직함을 가지고 있는 것 자체가 고민거리를 줄여주기 때문이다.

치솟는 인플레이션 또한 걱정거리이다. 일본같이 30년이 넘게 인플레이션 없이 유지되는 국가는 굉장히 특이한 케이스이나, 대부분의 국가는 인플레이션을 피할 수 없다. 미국이 생각하는 건강한 인플레이션은 연 2% 수준이다. 하지만 우크라이나와 러시아 간 지정학적 갈등과 코로나 이후 유동성 증가가 겹치면서 최근 인플레이션은 연준이 컨트롤할 수 없는 지경까지 높아지고 있다. 실제로 인플레이션이 심해질수록 파이어족들이 다시 일터로 돌아오는 유턴 현상도 심해진다는 얘기도 있다. 따라서 파이어족이야말로 더 철저하게 다른 파이프라인을 고민해야 한다. 현금의 가치가 떨어지고 있는 현시대에서, 단순히 남은 돈을 까먹으면서 생활하는 것은 너무 불안하기 때문이다. 이런 여러 가지 지점들에 대해 필자 역시 많이 생각하게 된다.

결국 내가 진짜 원하는 것은 FIRE가 아니다

결국 고민의 흐름은 한곳으로 귀결된다. 그것은 바로 '행복'이다. 누구나 'FIRE'라는 상태보다 행복한 삶을 우선할 것이다. 사실 생각해보면 파이어족이 되어야만 행복한 것은 아니다. 직장인의 경우 승진이나 인간관계에 크게 욕심을 내지 않는다면 조금 더 즐겁게 일할 수 있고, 자영업자도 영업일을 줄이거나 근무시간을 줄여서 스트레스를 줄일 수 있다. 즉 지금 하고 있는 일의 노동강도를 줄이는 것만으로도 그 이전에 비해 행복을 느끼기에 충분하다.

휴식을 너무 오래 하면 휴식이 휴식 같지 않다. 하지만 바쁘게 일하는 와중에 맞이하는 휴가는 꿀맛같이 달콤하다. 그리고 그 휴가가 마음편한 이유는 돌아갈 직장이 있기 때문이다. 다시 구직활동을 해야 하거나 노후가 여유 있지 않다고 생각되는 상황에서의 휴가는, 아무 생각 없이 즐기기만 할 수가 없다.

다시 생각해보자. 우리가 원하는 것은 조기은퇴인가, 경제적 자유인가? 필자부터 다시 생각해보자면, 내가 원하는 것은 조기은퇴가 아니었던 것 같다. 적당히 소속감과 성취감을 느끼되, 체력적으로 덜 지치고 싶고, 휴가를 가고 싶을 때는 조금 더 과감하게 갈 수 있는, 그 정도의 노동강도로 일하고 싶었던 것 같다. 은퇴는 오히려 세상에서 내 자신의 가치가 어떤 것인지를 다시 고민하게 만들고, 정말 하고 싶었던 꿈이 있는 사람이 아니고서는 하고 싶은 일을 찾는 것도 쉽지 않다. 이 책을 읽는 독자분들도 지금 하고 있는 일이 '지옥'처럼 고통스럽고 피하고 싶은 끔찍한 것은 아닐 것이다. 최소한 지금 하는 일을 처음 선택했을 때는 그런 마음으로 선택하지 않았을 것이기 때문이다.

사실 더 중요한 것은, 우리가 건강하게 사는 시간은 생각보다 길지 않다는 것이다. 단순히 평균수명이 80세라고 해서 우리가 80세까지 가족과 즐겁고 건강하게 살다가 고통 없이 죽는 축복은 실제로 벌어지지 않는다. 실제로 사람들은 어느 장소에서 죽음을 맞이할까? 국민건강보험공단의 통계에 의하면, 사망자의 72%가 병원에서 사망한다고 한다. 대부분 병원에서 치료를 받으며 생명을 연장하다가 사망하는 것이다.

2020년 기준 WHO에서 발표한 한국인의 건강수명은 남자 71.3세, 여자 74.7세로, 기대수명과 약 10년 정도의 차이가 난다. 즉 건강하게 사는 기간은 70대 초반까지이며, 그 이후 10년 동안은 가볍거나 심각한 질

병으로 인해 병원에서 치료를 받으면서 살게 된다. 평균은 평균일 뿐이기 때문에, 평소에 얼마나 스트레스를 많이 받고 살았는지, 그리고 음주나 흡연 여부와 체중조절, 그리고 독신 여부 등에 따라 개인별 편차가 있다.

03 주식에 대한 라오어의 생각

3배 레버리지라고 다 같은 레버리지가 아니다

보통 레버리지 투자를 잘 모르는 투자자는 레버리지 ETF는 모두 위험하다는 인식을 가지고 있다. 특히 3배 레버리지는 2배 레버리지보다 당연히 더 위험하다고 생각한다.

하지만 3배 레버리지라고 해서 다 같은 3배 레버리지가 아니다. 각 레버리지 ETF마다 변동성이 얼마나 차이가 나는지 보여드리기 위해 오른쪽 표에 대표적인 3배 레버리지 ETF(ETN)을 나열하였다. 기준은 이 책을 집필 중인 2022년 초 기준으로 6개월 치의 하루변동성 평균이다.

이처럼 3배 레버리지 ETF는 모두 변동성이 다르다. 시기마다 변동성이 변화하기 때문에 순위가 미세하게 변하기도 하지만, 상위권과 하위권이 뒤바뀌지는 않는다. 즉 변동성 하위권인 UPRO가 변동성 상위권인 SOXL보다 변동성이 커지는 일은 거의 없다.

변동성만 비교했을 때, 하위권과 상위권의 변동성 차이는 2배가 훨씬 넘어간다. 대표적인 3배 레버리지인 UPRO, TQQQ, SOXL을 비교해보면, TQQQ 변동성은 UPRO보다 약 1.5배 크며, SOXL 변동성은 UPRO보다 2배 이상 크다. 변동성이 클수록 변동성 끌림 현상이 더 커지기 때문에, 변동성이 큰 종목은 장투에 불리할 수밖에 없다.

반대로 3배 레버리지인 UPRO는 같은 3배 레버리지로 묶기엔 조금

티커명	내용	변동성
FNGU	FANG+	9.82%
LABU	BioTech	9.73%
BULZ	FANG innovation	9.08%
SOXL	반도체	8.71%
NAIL	주택 공급	7.49%
TQQQ	나스닥100지수	6.18%
TNA	소형주	5.65%
BNKU	대형 은행	5.45%
FAS	금융업	4.86%
DRN	부동산 중개업	4.74%
UPRO	S&P500 지수	4.06%
UDOW	다우존스 지수	3.92%
CURE	헬스케어	3.88%

3배 레버리지 ETF 하루변동성(2022년 초 기준 6개월치)

억울한 감이 있다. 사실상 QQQ의 2배 레버리지인 QLD의 변동성과 크게 차이가 없기 때문이다. 하지만 레버리지 종목마다 변동성이 다르다는 것을 모른다면, UPRO는 3배 레버리지이기 때문에 QLD보다 더 위험하다고 생각할 것이다. 심지어 반도체 2배 레버리지 ETF인 USD는 UPRO보다 변동성이 더 크다. 즉 반도체 2배 레버리지는 S&P500지수의 3배 레버리지보다 위험할 수 있는 것이다.

개별종목으로 가면 변동성은 더 심해진다. 그중 '삼슬라'라고 불리는 테슬라의 3배 레버리지 ETN의 경우는 변동성 문제가 더 심각해진다. 테슬라 자체가 변동성이 S&P500지수 ETF인 SPY에 비해 2배 이상 크기 때문에, 삼슬라의 경우 SPY의 7~8배 레버리지 수준의 변동성을 가지게 된다. 이는 SPY의 3배 레버리지인 UPRO와 비교도 할 수 없는 수준으로 변동성이 크며, TQQQ보다도 훨씬 큰 변동성을 가진다는 것을 의미한다. 따라서 테슬라가 장기 우상향한다는 것과 '삼슬라'가 장기 우상향한다는 것은 수학적으로 관련성이 떨어진다. 삼슬라가 SPY의 7~8배 레버리지 수준이라는 것을 알고도 삼슬라를 장투할 수 있을까?

계획적으로 주식투자를 한다는 것

필자가 출간한《라오어의 미국주식 무한매수법》과 이 책《라오어의 미국주식 밸류 리밸런싱》을 모두 읽어본 독자라면, 필자가 추구하는 주식투자 스타일이 어떤 것인지 느끼셨을 것이라고 생각한다. 필자는 차트분석이나 시황분석 비중을 줄이고 최대한 숫자를 베이스로 한 규칙적이고 계획적인 투자를 하고 싶었다. 말하자면 퀀트 스타일이라고 볼 수 있다.

한때는 차트분석에 푹 빠졌던 적도 있었다. 이평선, RSI, MACD, CCI, 엘리엇 파동이론, 피보나치 등 유명하다는 차트분석은 대부분 공부해보았다. 차트분석을 통해 어떤 신호를 잘 캐치하는 투자자는 분명 존재한다. 필자가 고안한 방법들도 백테스트로 검증을 해왔기 때문에, 차트분석이 후행적이라는 비판 또한 적절하지 않다. 아니, 주식뿐 아니라 세상 모든 일은 과거를 통해서 미래를 보고 싶어 한다. 차트분석 또한 필자와 스타일이 다른 것일 뿐 투자에 옳고 그름이 있다고 생각하지 않는다.

다만 필자가 차트분석 스타일과 맞지 않다고 느낀 결정적인 이유는, 내가 전업투자자가 아니기 때문에 실시간으로 차트를 볼 수 없었기 때문이었다. 차트분석은 월봉, 주봉, 일봉같이 큰 흐름뿐만 아니라, 시간봉, 분봉같이 작은 흐름까지도 캐치해야 하고, 갑자기 거래량이 터지거나 흐름이 바뀌는 것까지 실시간으로 관찰해야 한다. 또 매수나 매도 등 큰 결정을 과감하게 실행해야 한다.

또 다른 이유는 필자가 돈을 벌려는 근본적인 이유 때문이다. 돈은 자유를 줄 뿐만 아니라, 시간을 벌어준다. 버스나 지하철을 갈아타는 대신 택시를 이용함으로써 시간을 벌 수 있고, 꼭 내가 하지 않아도 되는 일을 타인에게 맡김으로써 시간을 벌 수 있다. 하지만 주식투자에 너무 많은 시간을 사용하게 된다면, 주객이 전도되는 느낌이 들 수밖에 없다. 특히 주식은 투자과정 중 손해나 손절을 피할 수 없는데, 많은 신경을 쓰고도 손해까지 보게 된다면 심리적으로 더 힘들 수 있다고 생각한다. 무한매수법은 하루에 한 번 10분 정도, 밸류 리밸런싱은 2주에 한 번 2~3분 정도를 주식투자에 사용하고, 그 이외의 시간은 자유이다.

계획적인 투자의 장점은 여러 가지가 있겠지만, 스스로 한 결정에 대한 자책을 줄여준다는 것을 빼놓을 수 없다. 매수를 하고 매도를 하는 각각의 과정들은 항상 결정을 내리는 행위를 수반한다. 즉 결정을 해야 할 상황이 너무 많기 때문에 이 자체가 스트레스를 준다. 그리고 그 결정으로 인해 더 큰 손해를 봤다고 생각하게 되면, 자책하게 된다. 이 자책감이 쌓이고 쌓이다 보면 어느 순간부터 주식에서 완전히 손을 놓아버리는 상태가 된다. 인플레이션 시대에 투자는 선택이 아닌 필수인 만큼, 상처로 인해 주식을 완전히 그만두는 것은 인생에서 큰 기회를 놓치는 것이다.

하지만 미리 계획을 하고 그 규칙에 따르는 투자를 하게 되면, 손해를 경험한다고 해서 스스로를 자책하지 않는다. 왜냐하면 그 손해까지 계획된 것이며, 긴 주식투자의 과정에 따르는 한 부분이라고 생각하기 때문이다. 규칙이 아주 잘못된 것이 아니라면, 실행하고 있는 규칙을 장기로 해보는 것을 추천드린다.

다만 규칙을 정하기 전에 철저한 자가 검증이 있어야 한다. 검증 없이 타인의 말만 듣고 그 매매법을 따라 하게 되면, 정작 힘든 장세가 왔을 때 포기하기 쉽기 때문이다. 피터 린치나 워런 버핏 등 전설적인 투자가를 따라 한 대부분의 사람들이 손해를 보는 이유는, 상승장에 따라 하다가 하락장에 포기하기 때문이다. 따라서 상승장이든 하락장이든 상관없이 오랫동안 같은 규칙으로 주식투자를 이어가는 것이 중요하다.

시장은 생물과 같다

2022년에 하락장이 길어지다 보니, 많은 금융전문가들이 과거에 했던 발언으로 조롱을 받는 경우가 종종 생기고 있다. 국내에서는 삼성전자 주가의 향방을 예측했던 국내 전문가들이, 또 전쟁이 종료되고 4월에는, 5월에는, 6월에는 상승장이 올 것이라고 예측했던 해외전문가들도 마찬가지이다. 금융전문가뿐만 아니라 대부분의 전쟁 관련 전문가들, 지정학 전문가들도 러시아와 우크라이나의 전쟁이 오래지 않아 끝날 것이라고 예상했지만, 틀린 셈이 되어버렸다. 연준 제롬 파월 의장도 인플레이션이 이렇게 심해질 것이라고 예측하지 못했다. 바이든 대통령 또한 세계 정세를 잘 이끌지 못했다는 이유로 자국민들의 비난을 받고 있다.

하지만 이런 현상은 한편으로는 어쩔 수 없는 부분도 있다. 사람은 신이 아니기 때문에 모든 정세를 파악하는 것도, 각 개인의 선택들을 모두 취합하는 것도 불가능하다. 예를 들어 정부에서 각 개인에게 보조금을 지급했을 때, 그 보조금을 식비로 쓸지, 학비로 쓸지, 월세로 쓸지, 저금을 할지, 주식투자를 할지 등 개인들의 선택지는 너무도 다양하다.

바이든 대통령은 러시아가 우크라이나를 침공할 것을 미리 알고 있었음에도 푸틴 대통령의 독단적 선택을 막지 못했다. 미국의 셰일가스 관런 회사들은 친환경 정책을 펼쳐온 바이든 대통령을 믿지 못하기 때문에, 추출시설을 늘리는 데에 적극적으로 투자하지 않고 있다. 인플레이션이 정점일 것이라는 예측은, 5월 CPI 소비자물가지수가 발표되면서 무너졌다. 결국은 41년 만의 인플레이션 최고상승을 기록하였다.

하지만 모든 건 '지금' 기준일 뿐이다. 사우디와 미국의 관계개선으로 유가가 갑자기 급락할 수도 있다. 우크라이나와 러시아의 전쟁이 당장 내일 종료될 수도 있다. 미국의 기준금리 인상으로 유동성이 줄어들기는커녕, 달러 강세 때문에 해외에서 투자금이 몰려들지도 모른다. 원자재 수요가 내려가면서 원자재 가격이 떨어질 수도 있다. 결국 이런 모든 상황을 정확히 예측하는 것은 불가능하다.

따라서 어떤 전문가가 어떤 통계자료를 가지고 와서, 어떤 주장을 펼친다고 해도, 그 주장은 당장 내일이라도 뒤집힐 수 있는 것이다. 그 사람의 행위가 잘못된 것이 아니며 실력이 부족한 것도 아니다. 시장은 매일매일 움직이는 생물과 같기 때문이다. 심지어 똑같은 통계자료로도 발표자의 의도에 따라 다르게 해석할 수 있다. 하락장에서는 좋은 뉴스가 하나도 보이지 않다가도, 상승장이 오면 그 모든 비관론이 사라진다.

이런 변덕스러운 장세에서 개인투자자가 살아남을 수 있는 방법은, 오로지 시간을 내 편으로 만드는 방법밖에 없다. 반대로 펀드매니저는 운용하는 펀드의 실적을 주기적으로 발표해야 하는 압박감이 있다. 펀드 고객들은 인내심이 그렇게 길지 않기 때문에, 조금만 수익률이 떨어져도 환매가 이어진다. 2020년에 가장 핫했던 액티브 펀드인 ARKK는 2022년에 고점 대비 -80% 근처까지 하락했고, 투자자도 많이 줄어들었다. 하지만 내가 직접 투자하는 경우에는 반드시 3개월 후에 성과가 잘 나와야 할 필요가 없으며, 타인과 경쟁할 필요도 없다. 나는 100만 원을 벌었는데, 옆 사람이 110만 원을 벌었다고 해서 경쟁에서 진 것이 아니기 때문이다.

따라서 퀀트투자든 차트분석 매매든, 자신만의 스타일을 가지고, 또 그 스타일을 자주 변경하지 않고 꾸준히 행하는 것만이 개인투자자가 살아남을 수 있는 방법이라고 생각한다.

04 라오어의
은퇴 '후' 프로젝트

지금 이 장에 적는 내용은 2022년 상반기의 생각일 뿐이므로, 이 생각은 언제든지 바뀔 수 있음을 미리 말씀드린다. 필자는 주식투자의 상당 부분을 무한매수법과 밸류 리밸런싱으로 운용하고 있음을 밝힌 적이 있다. 현재 필자는 배당주를 1원도 보유하고 있지 않다. 한창 일할 나이대라서, 레버리지 ETF 투자 등 조금 더 공격적인 투자가 가능하다고 생각하기 때문이다.

하지만 10년 후든 20년 후든 필자가 의료직을 그만두는 순간이 오면, 주식운용을 조금 더 안정적인 방향으로 생각할 것이다. 매달 일정 현금이 노동이라는 다른 파이프라인으로 들어오고 있는 것과, 그 파이프라인이 없어지는 것은 굉장히 다른 상황이기 때문이다. 유튜브를 통해 배당주 투자가 SPY 투자보다 크게 나을 것이 없다는 주장도 했었지만, 자동으로 주기적 배당이 들어온다는 심리적인 이점은 숫자로 표현할 수 없는 부분이기도 하다.

따라서 은퇴 시기가 다가오면 배당주 보유 비중을 서서히 늘릴 생각이다. 배당주도 배당주마다 특성이 다 다르기 때문에, 아무리 좋다고 유명해진 배당주라고 할지라도 한 가지로만 보유하지 않을 것이고, 여러 종류의 배당주들을 섞을 예정이다.

무한매수법은 쿼터손절이나 계좌분리법 등의 대응법을 더 편하게 사용할 수 있도록 더 현금 비중을 높여서 안정적으로 운용할 생각이다. 밸류 리밸런싱은 G값을 높이거나, 사이클마다 매수에 사용되는 Pool 자금의 비율을 더 줄이는 방법 등으로 더 안정적으로 운용할 것이다. 주식 투자금액에 100억 원을 배치할 수 있다면 100억 원을 모두 3배 레버리지 ETF에 넣을 이유는 없다. 투자금액이 커질수록 목표수익률을 낮추게 되더라도 만족할 만한 수익금을 얻을 수 있기 때문이다.

개인투자자로서 분수에 넘치게 책까지 집필하게 되었다. 앞으로 또 어떤 책을 내게 될지, 또 어떤 유튜브에 출연하게 될지, 또 어떤 강연에 서게 될지 알 수 없지만, 한 치 앞을 예상할 수 없는 인생이 흘러가는 대로, 할 수 있는 것까지 해보고 싶다. 인생이 벼랑 끝에 몰려도 어찌어찌 살아지더란 것을 이제 와서 깨닫게 되었다. 앞으로도 어찌어찌 살아질 것이다. 그래도 한 번뿐인 인생인데 이왕이면 재미있게 행복하게 살고 싶다. 그리고 타인에게 긍정적인 영향을 줄 수 있다면 더할 나위 없을 것 같다.

닷컴버블을 극복하는 방법

　필자는 카페나 유튜브를 통해 "밸류 리밸런싱을 활용해 아무리 TQQQ의 위험성을 컨트롤한다고 해도, 닷컴버블급의 하락은 극복하지는 못한다"는 것을 여러 번 말씀드려왔다. 닷컴버블을 극복하는 방법은 그냥 그 시기에 주식을 하지 않는 방법밖에 없다. 하지만 다시 그 정도 하락이 온다면 그 신호를 미리 알아채는 것은 사실상 불가능하다고 봐야 한다. 언젠가 닷컴버블급 하락이 온다면, 그 이유는 나스닥 버블이 아닌 다른 이유 때문에 벌어질 것이기 때문이다.

　하지만 주식투자 내에서의 현금 비율이 아닌, 전체 자산에서 현금 비중을 조절할 수 있다면 큰 위기가 와도 다시 일어설 수 있다. 예를 들어서 전체 자산을 100%라고 했을 때, 부동산 40% + 주식 40% + 현금 20%와 같은 식으로 보유하는 것이다. 필자 또한 주식에 전 재산을 올인하고 있지 않다. 무한매수법이나 밸류 리밸런싱은 '주식 40%' 안에서 'Pool'을 어떻게 조절하는지에 대한 내용을 다룰 뿐, 아예 투자에서 배제하는 현금을 따로 보유해야 한다. 긴 인생을 사는 동안 부동산이든 주식이든 모두 어려운 시기가 주기적으로 오기 때문이다

　또 한 가지 방법은 주식투자의 수익을 '단리화'시키는 것이다. 예를 들면 장기투자의 수익률이 100%가 되었을 때 원금을 빼내는 방법 등이 있다. 물론 원금을 빼내게 되면 그만큼 장기수익금이 줄어들게 되지만,

큰 위기가 왔을 때 대처할 수 있는 원천이 되기도 한다. 원금을 빼내면 닷컴버블로 투자액이 가루가 되어가도, 원금은 지킬 수 있다.

마지막 방법은 파이프라인을 다양화하는 것이다. 특히 주식에서 1~2년 수익을 얻었다고 해서 함부로 은퇴를 생각해서는 안 된다. 노동소득이야말로 여러 파이프라인 중에서도 가장 안정적이고 확실한 방법이기 때문이다. 내가 노동으로 1년에 5,000만 원을 번다면, 그 돈을 벌기 위해 그만큼의 에너지와 시간을 소비하는 것은 맞다. 그러나 연봉 5,000만 원은 마치 연 5%의 임차수익이 나오는 10억 원짜리 상가를 보유한 것과 같은 현금흐름을 창출하는 것이다. 즉 내 머리와 내 몸이 10억 원짜리 상가와 다름없는 것이다. 이 근로소득은 장기투자가 힘든 순간이 온다고 해도 분할매수를 할 수 있다는 희망을 주는 요인이기 때문에, 하락장을 버티기가 한결 가벼워진다. 요약하자면 다음과 같다.

주식에 절대로 전 재산을 투자하지 않는다.

수익률을 낮춰서라도 완전복리보다 단리를 노린다.

주식 이외의 현금흐름(근로소득이나 임대소득 등)을 만든다.

워런 버핏은 "현금은 산소와 같다"고 말했다. 긴 하락장에서 현금이 말라버리면 숨을 쉬기가 힘들 정도의 고통을 느낄 수 도 있다. 하지만 위와 같이 전체 위험을 조절할 수 있다면, 닷컴버블을 만난다고 할지라도 슬기롭게 대처할 수 있을 것이다.

개미가 할 수 있는 진짜 주식

우리는 현재 역사의 소용돌이 속에 휘말려 있다. 100년 전의 스페인 독감보다 더 광범위한 바이러스, 그리고 WHO의 팬데믹 선언, 전 세계의 탈글로벌화, 무제한 양적완화와 대규모 부양정책, 그 버블로 인해 생겨난 40여 년 만의 높은 인플레이션, 거기에 러시아의 우크라이나 침공으로 시작된 30년 만의 신냉전시대의 개막, 에너지 패권다툼 등 각 분야의 전문가들의 예상이 빗나가는 혼란스러운 나날의 연속이다.

역사에 남을 하락장이 온 것은 당연했다. 다우존스지수 8주 연속 하락은 99년 만의 기록이었고, 나스닥지수도 책을 집필하고 있는 2022년 6월 중순 기준으로, 최근 11주 중에 플러스로 전환된 주봉은 단 일주일에 불과하고 10주가 마이너스로 지나갔다. 휘발유 평균가격이 갤런당 5달러를 돌파한 것은 미국 역사상 처음 있는 일이었고, 미국의 개인저축률 또한 역사에 길이 남을 최저치를 기록하고 있다. 전쟁은 언제 끝날지 알 수 없고, 인플레이션이 얼마나 지속될지 알 수 없다.

이런 혼돈의 장세에서 개인이 할 수 있는 것은 무엇일까? 필자가 리먼 브라더스 파산과 코인버블 붕괴 등을 경험하면서도 투자를 지속하는 이유는 '현금의 가치가 떨어지는 것은 불변의 진리'라고 생각하기 때문이다. 1971년 미국의 금본위제 폐지로 인해 화폐가 금과 연동되지 않기 시작하면서, 화폐는 사실상 무제한 발행의 길로 가기 시작했다. 통화량을 조절하는 것이 중앙은행의 역할이고, 중앙은행이 화폐를 발행할수록 내 수중에 있는 화폐의 가치는 떨어질 수밖에 없다. 필자도 그리고 다른 사람들도 중앙은행이 화폐를 발행하는 것에 동의한 적이 없음에도 불구하고, 적절한 경제성장을 유도하기 위해 시장에 유동성을 공급하는 것은 꼭 필요하고 중요한 일이다. 따라서 이 흐름을 알고 있는 소수가 누구보다 더 큰 부를 얻게 되는 것은 당연한 현상이다. 즉, 빈익빈 부익부는 정의롭다 정의롭지 않다의 개념이 아니라, 필연적인 경제학적 현상으로 볼 수밖에 없다.

하지만 현금가치의 하락을 극복하기 위해 선택한 투자행위가, 오히려 더 큰 손해를 안겨다 줄 수도 있다. 부동산도 주식도 또는 다른 투자도 모두 마찬가지이다. 투자행위는 중간과정의 변동성을 반드시 경험하게 되어 있기 때문이다. 자산가치 하락에 대한 공포를 극복하고 자본주의의 흐름을 이용할 수 있는 유일한 방법은 '시간의 힘에 기대는 것'이다.

정말 투자대상을 잘못 고른 것이 아니라면, 내가 선택한 투자는 긴 시간 후에 물가상승률이나 은행이자를 훨씬 뛰어넘는 큰 수익으로 돌아온다.

시간의 힘에 기대려면 어떤 태도로 투자에 임해야 할까? 필자는 빚을 지는 것을 그렇게 부정적으로 보지 않는다. 빚의 기한도 여러 가지가 있기 때문이다. 6개월 후에 써야 할 돈을 주식투자에 사용한다면, 이 돈이 설령 빚이 아닐지라도 기한이 너무 짧은 돈이다. 반대로 신용대출을 받았는데 만기가 5년이라면 충분히 주식투자에 이용할 수 있다고 생각한다. 며칠 만에 해결해야 할 주식 '미수거래'는 도박과 다르지 않으므로 절대 하지 말아야 한다. 이렇듯, 시간의 힘을 이용하려면 최대한 기한이 긴 돈으로 투자에 임해야 한다.

집이 없어서, 주식투자에 실패해서, 투자했던 코인이 상폐당해서, 여러 방식의 투자에서 상처를 받아왔다. 돈을 잃은 것뿐만 아니라 자존감도 잃었던 그 경험을, 다른 사람은 조금 덜 경험했으면 하는 마음으로 집필하였다. 기준 없이 기분에 따라 매매를 결정했던 그 혼란과 후회를, 이 책을 통해 조금 덜 수 있었으면 좋겠다.

참고자료 및 출처

국가통계포털(kosis.kr)

라오어, 《라오어의 미국주식 무한매수법》, 알키, 2021

"마이크로소프트, 82조원에 블리자드 인수, IT 업계 사상 최고가", 〈조선일보〉, 2022.01.18

피터 자이한, 《셰일 혁명과 미국 없는 세계》, 김앤김북스, 2019

"코로나19 최대 수혜 입은 클라우드 3사…점유율 65%로 늘어", 〈뉴시스〉, 2022.07.06

"터키 연간 물가상승률 61%, 20년 만에 최고치", <경향신문>, 2022.04.05

"AWS의 국내 클라우드 점유율은 50%…네이버·KT·NHN 합쳐도 역부족", 〈아주경제〉, 2022.05.18

세계와 한국의 인구현황 및 전망, 통계청, 2019

"Almost half of Fortune 500 companies were founded by American immigrants or their children", 〈Brookings〉, 2017.12.04

"Banks Analysts Warn That 60/40 Portfolios Could Be Battered by Inflation", 〈Bloomberg〉, 2021.10.12

Frequently Asked Questions About 401(k) Plan Research, Investment Company Institute

International Migration to the U.S. Plummeted Last Year, Census Finds, 〈U.S. NEWS&WORLD REPORT〉, 2022.02.07

Michael E. Edleson, 《Value Averaging》, 2006

Peter Zeihan, 《The Absent Superpower》, Zeihan on Geopolitics, 2017

www.factset.com

www.populationpyramid.net

www.portfoliovisualizer.com

www.tradingeconomics.com

라오어의 미국주식 밸류 리밸런싱

초판 1쇄 발행일 2022년 8월 29일
초판 5쇄 발행일 2025년 1월 15일

지은이 라오어

발행인 조윤성

발행처 ㈜SIGONGSA **주소** 서울시 성동구 광나루로 172 린하우스 4층(우편번호 04791)
대표전화 02-3486-6877 **팩스(주문)** 02-598-4245
홈페이지 www.sigongsa.com / www.sigongjunior.com

글 ⓒ 라오어, 2022

ISBN 979-11-6925-221-8 03320

*SIGONGSA는 시공간을 넘는 무한한 콘텐츠 세상을 만듭니다.
*SIGONGSA는 더 나은 내일을 함께 만들 여러분의 소중한 의견을 기다립니다.
*잘못 만들어진 책은 구입하신 곳에서 바꾸어 드립니다.

WEPUB 원스톱 출판 투고 플랫폼 '위펍' _wepub.kr
위펍은 다양한 콘텐츠 발굴과 확장의 기회를 높여주는
SIGONGSA의 출판IP 투고·매칭 플랫폼입니다.